トヨタF1 最後の一年

尾張正博 著

二玄社

最終戦となったアブダビ GP で 6 位入賞を果たした小林可夢偉。
トヨタが育ててきたドライバーが大きな新星となってきらめいた。

バーレーンGP予選で1､2位を獲得､トヨタで初のフロントロウを独占した（上）ヤルノ・トゥルーリ（左）とティモ・グロック（右）。

負傷したグロックの代役としてブラジル GP でデビューした小林可夢偉（左）は、チャンピオンを目指すブロウン GP のジェンソン・バトンに一歩も譲らぬ戦いで、一躍 F1 界を沸かせた（下）。

左から山科忠 TMG 会長、シャシーを担当したパスカル・バセロン、ジョン・ハウエット TMG 社長。

張富士夫会長。

渡辺捷昭副会長。

奥田碩相談役。

日本 GP で 3 位入賞のトゥルーリを囲み喜びあう豊田章男社長(右)、山科。

左から永島勉コーディネーター、山科会長、木下美明TMG副社長。

新居章年コーディネーター。

竹内一雄エンジン担当シニアゼネラルマネージャー。

TTE時代からチームを率いた故オヴェ・アンダーソン。

2001年から05年までコーディネーターを務めた高橋敬三とトゥルーリ。

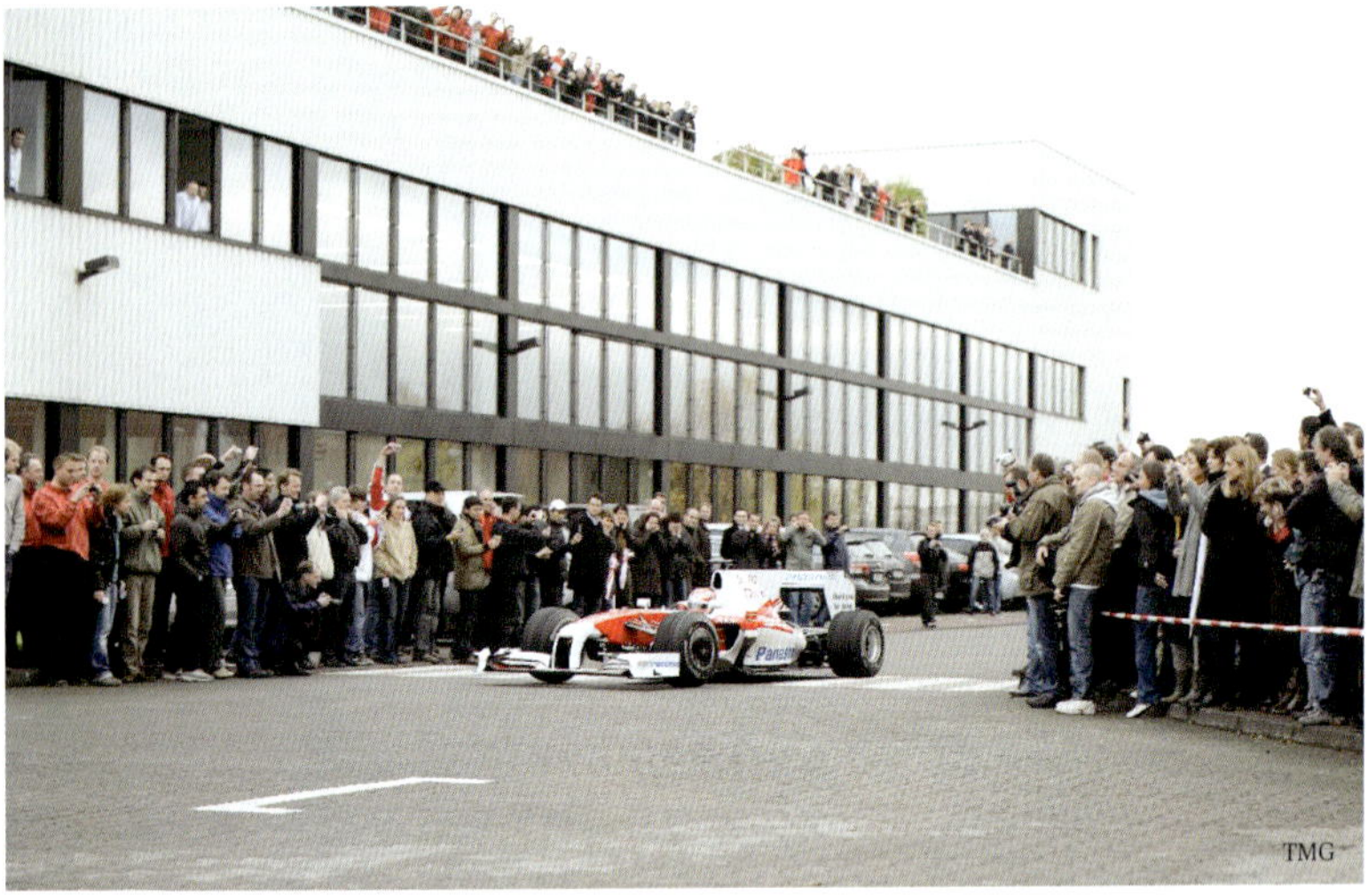

トヨタ F1 の本拠地、ドイツの TMG。F1 撤退が発表されて間もなく、鈴なりになって見守る 800 人の従業員の前で可夢偉がラストランを行なった。

精度が見直された風洞施設。つり下げられた模型に風をあてて空力の計測を行なう。車体を傾けた計測もできる。

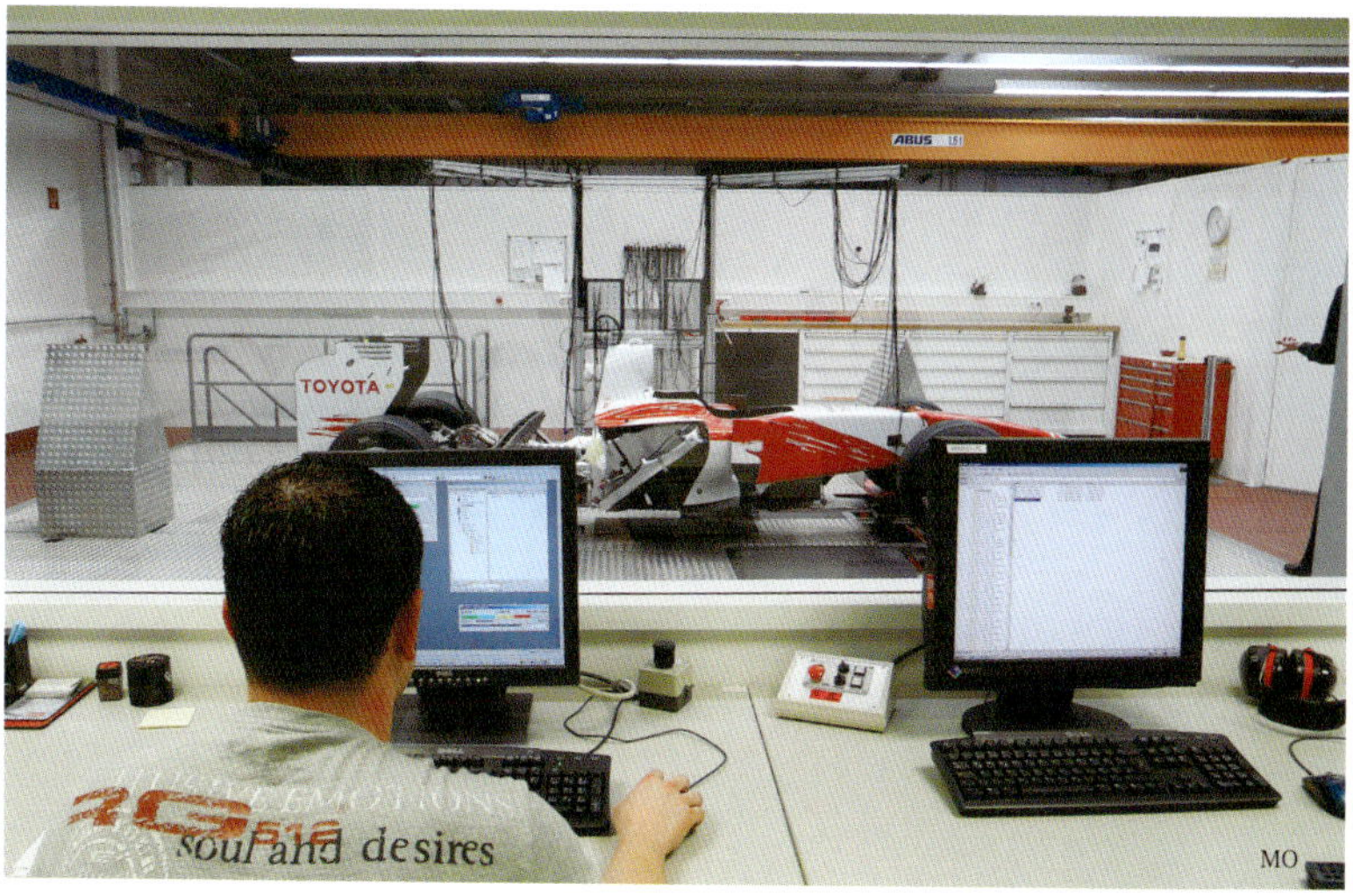

7ポスターと呼ばれるシミュレーション装置室でのベンチテスト。サーキット走行データを入力し、車体が固定された7つのリグを全方位に動かして実走行を再現、サスペンションなどの調整を行なう。

ドライビング・シミュレーター。手前はオペレーターの操作席。サーキットが映された画面の前に設置された運転席は、前後左右のGフォースまで感じ取れる最先端の設備である。

夕日に向かってひた走るアブダビ GP。トヨタ F1 はまた日が昇る時が訪れる
日を待つ。

トヨタＦ１　最後の一年

装丁　小倉一夫
カバー写真　トヨタ、尾張正博
口絵／本文写真　トヨタ／ＴＭＧ、尾張正博

目次

はじめに

異例の会見だった。

２００９年11月４日、午後５時。トヨタ自動車株式会社・東京本社の臨時会見場で行なわれたトヨタのＦ１撤退会見である。出席したのは豊田章男トヨタ自動車代表取締役社長と山科忠チーム代表・専務取締役だった。まず豊田がマイクの前に立ち、Ｆ１からの撤退を表明した。

「２００２年以降、８年間にわたりＦ１に参戦して参りましたが、社内の取締役会にて議論しました結果、本年をもって参戦を終了することにいたしました」

「先日も鈴鹿で行なわれた日本グランプリを観戦させていただきました。ファンの皆様の熱狂ぶりや、弊社Ｆ１チーム、パナソニック・トヨタ・レーシングの素晴らしいチームプレー、そしてその走りに心の底から感銘を受けました。ファンの皆様のことを考えますと、身につまされる思いでありますが、現在の経営環境や、中長期的な観点から苦渋の決断をせざるを得なかったことを、どうかご理解賜りたいと存じます」

「ご存じの通り、トヨタの経営は引き続き厳しい状況です。ただ、こういうときだからこそ、次の世代に何をのこさなければならないのかということを、原点に帰り考えるべきだと思いました。自動車を通じて豊かな社会作りに貢献したいというのがトヨタの創業時からの考え方であり、これからも自動車文化の一層の推進に向け、様々な活動を続けていきたいと思っております」

「モータースポーツについても、その活動計画を見直し、お客様にクルマをより身近に感じていただける大切な活動として、またクルマと人を鍛える活動として取り組むとともに、これまでの皆様のご期待をよりよい商品作りに活かせるよう努力する所存でございます。どうぞ引き続きご支援賜りますよう、よろしくお願い申し上げます」

豊田のスピーチの後、記者との質疑応答が行なわれた。豊田は山科とともにテーブルに着き、記者からの質問にひとつひとつ丁寧に答えていた。ここまでは通常のモータースポーツの記者会見と変わらなかった。同じように08年の12月にF1からの撤退を発表したホンダも、09年の7月に2010年以降のF1日本グランプリの開催を断念した富士スピードウェイの会見も、多少の雰囲気の差こそあれ「企業として下した苦渋の決断」だという、どこかビジネスライクな印象の、いつもと変わらぬ会見だった。

ところが6つめの質問、最終戦を戦った中嶋一貴と小林可夢偉の2人のドライバーの今後に話が及んだときのことだった。マイクを取ったのは、2人の面倒を現場で見てきた山科だった。

「中嶋と小林については、いまTMG（トヨタモータースポーツ有限会社／ドイツ）が彼らとの契約を有していますので、継続していくことになると思います。ここまで育てた2人ですので……」

ここまで言うと、山科は突然、天井を向いて目頭に左手を当てた。長い沈黙の中、カメラのシャッターの音だけが場内に鳴り響く。目頭に手を当てながらうつむく山科と固い表情のまま正面を向いてフラッシュを浴び続ける豊田社長。十数秒の後、山科が力を振り絞るようにして答えを続けた。

「（2人を）できれば……どこかのチームに乗せたい、と思っています」

そう言って、うなだれる山科の瞳からは幾筋もの涙がこぼれていた。

会見はこの後、もうひとつ質問が飛び、豊田がそれを受けた。豊田が回答している間も山科の涙が止まることはなく、ポケットからハンカチを取り出して涙をぬぐうたびにフラッシュが焚かれ、豊田の声は何度もシャッター音にかき消されそうになった。そして、会見は終了した。

この後、社長の豊田は退席。ひとり残った山科を多くの報道陣が囲んだ。山科の目はまだ赤かったが、ひとりで気丈に対応した。数十人の記者に取り囲まれ、大勢のカメラマンの目の前で、なんとか答えようと声にならない声をつなぎ合わせた。

「一緒に苦労してきた連中のことが頭をよぎるんですよね。……一緒にやってきたのに残念だなという気持ちで……」

「ティモの事故がまだなかったときでも、可夢偉をこのまま終わらせたくないというのがみんなの気持ちでした。だから、なんとかして（ドライバーふたりがＦ１に）残れるように頑張ります……」


こうして異例の会見は、幕を閉じた。なぜ、山科は嗚咽しながら、会見場を後にしなければならなかったのか。なぜ、取締役が涙しなければならないような決定をトヨタは下さなければならなかったのか。撤退に至るまで、どのような道のりを山科とチームスタッフは歩んできたのか。その答を導く鍵を、トヨタＦ１の最後の一年に探してみることにする。

なお、文中では敬称を省略させていただきました。

第1章
決断

ING
ING
ING
25
TIMO GLOCK
DENSO
Panasonic
BRIDGESTONE
POTENZA

MO

奥田ミーティング

F1挑戦へのきっかけは、社長からのひと言だった。

「トヨタのモータースポーツについて担当者たちの声を聞きたい」

これが、のちに「奥田ミーティング」と呼ばれるようになった、奥田碩社長（当時）によって召集された会議であった。

1997年6月、13名のトヨタ社員が同社の東富士研究所の一室に集まった。出席したのは、専務を務めていた加藤伸一、取締役の富田務（のちにTMGの会長となり、2003年から07年までチーム代表を務める）、モータースポーツ部部長の山口武久、モータースポーツ部レースエンジン開発室室長の嵯峨宏英、広報部商品・技術広報室室長の加藤裕明（のちに富士スピードウェイ社長に就任）、モータースポーツ部主査の小和田一郎、宣伝部部長の高田坦史ほかのメンバーだった。

会議は、まずトヨタのモータースポーツ活動の現状について、雑談が交わされる形で始まった。しばらくして、奥田が「F1はどうかね」と切り出した。

奥田の問いに、参加者が次々と意見を述べていった。

「F1は憧れなのだろうか?」

「ズブの素人にとっても、F1はカッコイイな」

「若者の好感度からいったら、WRC（ラリー）よりF1のほうがはるかに高いだろう」

当時、トヨタにはブランドイメージを若返らせようとする「若返り検討チーム」というプロジェクトが組まれていた。トヨタが問題視していたのは、90年代に入ってトヨタ車に「若くない」というイメージが広がっていることだった。

「トヨタ車の顧客は、50歳以上の男性ばかりで、この方々にクルマを売って収益を上げている。これはこれとして、なんとか若者を引き付ける方法はないものか」

「『オッサンのクルマ』という若者たちが抱いているトヨタ・イメージを覆す手はないのか」

そして、この日のミーティングには、トヨタ車のイメージアップのためにモータースポーツをもっと有効に活用できないかという狙いがあった。ところが、その検討チームに所属するスタッフからは、F1参戦を促すような積極的な声は聞かれなかった。

F1参戦に肯定的な意見を挙げたのはエンジン開発陣だった。

「個人的な感想ですが、エンジン屋なら、やれるものならやりたいとだれでも考えていると思います」

これに宣伝・広報の担当者が「F1は最適でしょう」と続いた。しかし、海外マーケティング担当は、立場上当時参戦していたWRCを擁護する発言を行なった。さらに社外からの意見として「ある高名なジャーナリストからは『トヨタはF1はやるべきではない』という発言があった」ことも披露された。

発言は続いた。

「トヨタがF1をやるなら、サーキットくらいは造るべきじゃないか」

「日本人にはF1ドライバーとしての資質がないのか」という意見を出す者もいた。

「いっそプロドライバーを育成するスクールが必要じゃないか」と言う者もあった。

これらの意見を聞いた後、奥田が言った。

「頂点は、やはりF1かね」

そして、「いまやっていること（アメリカで活動していたCARTなど）がうまく行ったら、次はF1ということか」とつぶやいた後に、自らの指針を披露した。

「検討チームを作って、F1を頂点としたプロジェクトプランを立ててほしい。モータースポーツ会議でよく話し合うように。それから、トヨタはどちらかというとハード志向だが、今回はハードとソフトの両面をバランス良くやってほしい。とにかく、モータースポーツそのものには大きな意義がある。F1を目指して、みんな頑張ってほしい」

F1への挑戦と繋がらない結果

「奥田ミーティング」で、トヨタのF1への道が拓かれたが、その道が決して平坦でないことはモータースポーツに関わっていた者たちは重々承知していた。なぜなら、当時のトヨタの海外でのモータースポーツ活動はかなり厳しい状況に置かれていたからだ。

1990年代前半におけるトヨタの海外でのモータースポーツ活動は、ラリーカーとスポーツプロトタイプカーの2カテゴリーが主になっていた。ラリーは1993年と94年に2年連続してドライバーとマニュファクチャラーのダブルタイトルを獲得。日本の自動車メーカーとしては初の2年連続両タイトル制覇という快挙を成し遂げたものの、1995年にエアリストリクターの不正改造が発覚し、96年まで出場停止処分を受けていた。

1990年代も後半に入ると、トヨタのモータースポーツ活動はアメリカへと移り、96年からCARTシリーズにエンジンの供給を開始したが、97年は出場すればエンジンがブロウするというレースが続き、あるレースでは、ライバルチームから「コースがオイルで汚れるから、走らないでほしい」と冷笑されたこともあったほどだった。「奥田ミーティング」が開かれたのは、まさにこの頃だった。

しかし、「奥田ミーティング」でF1への参戦が明確に示された以上、後戻りはできない。5カ月後に行なわれたモータースポーツ会議で参戦への意思統一が図られ、10カ月後の1998年9月の同会議では参戦までのロードマップが完成。1999年1月21日、トヨタはついにF1への参戦を表明した。

発表記者会見の席上、社長の奥田は次のように宣言した。

「世界のモータースポーツファンと、私どもメーカーが一緒になって、クルマの楽しさや夢をいま以上に育んでいきたいとの思いから、世界最高峰の自動車レースであるF1へのチャレンジを決断しました」さらに「03年までには参戦したい」と時期を明言した。

この年の12月、FIA(国際自動車連盟)に2000年からの参戦を申請した。F1は当時出場チーム枠が12チームと限られており、早めに申請して出場枠を押さえておく必要があったためである。申請にあたっては4800万ドル(当時の為替レートで49億円)のデポジット(供託金)の払い込みを必要とし、もし参戦が1年遅れて2001年となれば1200万ドルが没収され、02年となると4800万ドル全額が没収される仕組みとなっていた。

プロジェクトチームに残された時間は限られていた。トヨタのF1参戦は既存のチームへのエンジン供給ではなく、車体も自ら製作するコンストラクターとしての参戦を選択していたからだった。Ｆ１レベルのフォーミュラカーなど造ったことがないトヨタにとって、Ｆ１参戦はまさにゼロからのスタートとなった。

時間が限られたプロジェクトチームは、チームの本拠地となるファクトリーを、これまでラリーやル・マンを戦ってきたドイツ・ケルンにあるトヨタモータースポーツ有限会社（ＴＭＧ）の施設を拡張して使用することにした。ＴＭＧの歴史は１９７０年代まで遡り、ヨーロッパにおけるトヨタのモータースポーツ活動の拠点として、ＴＭＧの前身であるトヨタ・チーム・ヨーロッパ（ＴＴＥ）という名称で、ラリーなどのモータースポーツ活動を担ってきた。

トヨタがＦ１へ打って出れば、当然ラリーやル・マンなどのモータースポーツ活動は休止、あるいは規模が縮小され、ＴＭＧは存亡の岐路に立たされることになる。Ｆ１参戦以前からヨーロッパにおけるトヨタのモータースポーツ活動を牽引してきた会社を、そうあっさりと見捨てるわけにはいかなかった。

実際、Ｆ１参戦を見据えて活動を行なってきた98年のル・マンでは、優勝は逃したものの、いきなり優勝争いに加わる戦いを演じた。終盤にトラブルに見舞われて最終的に８位でフィニッシュしたが、22時間すぎまでトップを快走する力強いレースを披露。そんな優秀な人材を有効に活用しない手はなかった。

しかしF1は自社のファクトリーだけでマシーンを作っているわけではない。自動車産業が国の基幹産業として、自動車メーカーを頂点にさまざまな下請け企業が存在しているように、F1もファクトリーの周辺にパーツ製造会社などテクニカルパートナーが存在し、それらの会社との連携もまたマシーンを製造するにあたって非常に大切な要素となる。

当時も今も物資の流通や人の交流など、さまざまな面で利便性が高いのがイギリスだ。過半数のチームがイギリスにベースを構えている理由は、そのためである。これに対してトヨタが選んだドイツは、当時から今に至るまでF1のファクトリーがひとつもない陸の孤島のようなものだった。

さらにチームスタッフも、ラリーやル・マンを戦ってきたスタッフを優先して起用するなど、既存のものを有効活用して構成した。こうしたやり方は、もっとも重要であるドライバー選考にも見られた。ふたりのうちひとりはフェラーリなどで表彰台に上がった経験もあるミカ・サロ、もうひとりはル・マンで一緒に戦ったアラン・マクニッシュを起用した。

こうしてトヨタのF1プロジェクトは、当初の計画より1年遅れて2002年からの参戦となったが、先を急いだチームやマシーンづくりでは、世界最高峰のきびしい戦いの場で結果を出すには限界があった。F1でトヨタが特に後れをとっていたのが、エアロダイナミクス（空力）の分野だった。

トヨタが最初に造りあげたF1マシーンはテストカーのTF101だった。これはル・マン用マシーンなどを経験し、初代のプロジェクトリーダーとなったアンドレ・デ・コルタンツが手掛けた。しかし当時のTMGには、まだ風洞実験を行なう施設がなく、実験は他社の風洞を借りて行なうという限られた開発となっていた。そのため、1日24時間体制で風洞実験を行なうトップチームとは大きな開きが生じていた。方向性を見失ったトヨタはデ・コルタンツを事実上更迭し、フェラーリやミナルディでF1の経験のあるグスタフ・ブルナーを抜擢。参戦1年目にデビューさせることとなるTF102を開発させるのである。

トヨタの風洞施設も参戦初年度となった02年に完成したが、稼働し始めたのがシーズン途中の7月と遅れたため、TF102にはそのデータは反映されなかった。翌03年は初年度の2点から16点へと獲得ポイントを大幅にアップさせて、コンストラクターズ選手権でも前年の10位から8位へ上昇したものの、トップチームの背中が見えるほどの進捗ではなかった。

04年に入っても施設のポテンシャルを使い切れずに悩んでいたトヨタは、マイク・ガスコインを招聘。05年のマシーン開発を任せる。

ガスコインは、直前まで在籍していたルノーで最新の風洞施設を使った実験に従事しており、その扱いに関して一日の長があった。ガスコインはトヨタの実験方法にあった問題点をすぐに指摘した。それは実験の精度だった。当時のトヨタの実験結果は、同じ仕様のパーツを同じようにテストしてもまったく同じにならないケースが少なくなかった。データにバラつきが生じていたのである。

「このような状況でテストを重ねても意味がない」

ガスコインはすぐに風洞実験を止め、施設の見直しを図った。風を送る大型のファンのスピードは本当に一定になっているのか。あるいは空気の密度を一定にするための温度調整は正常に行なわれているのか。これら細部の見直しを行なって、それまでのエアロダイナミクスを一新して製作されたクルマがTF105だった。

TF105が登場した05年は、エアロダイナミクスに関するテクニカルレギュレーション（技術規則）が大きく変更されたこともあり、一から作り直すガスコインもライバルチームに対して、開発面で経験の少なさがハンディキャップとはならなかった。むしろライバルチームよりも初期性能に優れた仕上がりとなっていた。そしてトヨタはついにこの年、初めて表彰台に立った。

この年、5度の表彰台を獲得したトヨタは、チーム参戦後最高点となる88点のコンストラクターズポイントを稼いで、ランキングもフェラーリに肉薄する4位の座に就いた。それはレギュレーションの変更によってシーズン序盤に出遅れたライバルが多かったためであり、トヨタのマシーンが優勝を狙えるほどの空力性能ではないことが、翌06年から再び低迷したことで図らずも露呈してしまった。

著名なテクニカルディレクターに頼ることなく、トヨタが自分たちのやり方でエアロダイナミクスを研究し開発を始めたのは、ガスコインと決別した06年のオーストラリアGP以降だった。しかしエアロダイナミクスの開発は一朝一夕に結果が出るほど簡単なものではない。06年のオーストラリアGPを最後に表彰台から遠ざかっていたトヨタが、再び表彰台に立つのは2年後の08年フランスGPだった。しかしこの年も結局、優勝争いに絡むことはできなかった。

気がつけば、1勝もできずに7年が経過。その間、F1参戦を後押しした奥田は社長から会長を経て相談役へと退き、奥田を引き継いでF1参戦当時の社長となった張富士夫も会長へ。2005年からは、渡辺捷昭が10代目の社長としてF1活動をバックアップしていた。

そして2008年、未曽有の金融危機が世界を襲う。

モータースポーツ会議

世界不況に揺れた2008年シーズンが終了してまもなく、トヨタは、同社のモータースポーツ活動に関する最終的な調整を行なう最高決定機関「モータースポーツ会議」を日本で開催した。この席についたのは、エンジンなどを供給している製造側のほか、実際にモータースポーツ活動を行なっている技術部門の関係者をはじめとして、販売・広報・宣伝などのマーケティング部門でモータースポーツを担当する者まで、総勢約30名であった。

議題の中核はF1活動にほかならなかった。トヨタがこれまで7年間行なってきたF1活動を多角的に検証するとともに、この先F1を続けた場合にどれだけの価値を生むのか。そして、今後も社を挙げてF1を続けるべきか否かが再検証された。

会議の議長を務めたのは、トヨタ自動車の専務取締役であり、2007年の7月からドイツのTMGの会長に就き、F1チームの代表として腕をふるっていた山科忠チーム代表だった。山科はトヨタにおけるF1チーム代表としては3人目だが、2人の前任者とは異なる経歴を持っていた。

初代代表のオヴェ・アンダーソンは、1970年代初頭にドライバーとしてモンテカルロ・ラリーなどの主要イベントでの優勝経験を持つ優れたラリーストで、現役引退後はトヨタ・チーム・ヨーロッパ（TTE）時代から、トヨタのヨーロッパにおけるモータースポーツ活動を牽引してきた人物であった。アンダーソンを引き継いで2004年からチーム代表を任されたのが、トヨタの本社から送り込まれた冨田務だった。冨田は80年代にル・マンやWR

Cのレーシングエンジンを手がけるなど、トヨタのモータースポーツ活動に長年携わってきた技術者であった。

これに対して、山科には代表就任までモータースポーツ活動の経験がなかった。山科がF1チーム代表としてドイツ・ケルンに赴任する前に海外で関わっていた仕事は、アメリカのテクニカルセンターでの「トヨタ・ウェイ」の確立、すなわち「トヨタ生産方式」をアメリカの工場に定着させる仕事であった。

今でこそ、日本の自動車メーカーの生産方法がアメリカのメーカーでも受け入れられるようになったが、自動車産業界で長年にわたって世界をリードしていたアメリカは、日本流の手法を簡単に受け入れようとはしなかった。しかし、山科は現地の従業員に実直に「トヨタ・ウェイ」を説いて回り、トヨタテクニカルセンターの社長となった２００１年にトヨタの考えがようやく浸透してきたことを実感、２００３年に帰国の途についた。アメリカに初めて赴任してから、実に20年以上が経過していた。

２００８年12月４日、木曜日。山科が議長を務めるモータースポーツ会議で、「今後もF1活動を継続する」という決定が再確認された。

ホンダ撤退、そのときトヨタは？

トヨタがＦ１の継続を決めた翌日の午後1時半、日本のモータースポーツ界を揺す重大な決定が別の場所で発表された。場所は東京・南青山。２０００年からＦ１に復帰して第３期Ｆ１活動を続けていたホンダがＦ１からの撤退を明らかにしたのだ。

「サブプライム問題に端を発した金融危機と、それらに伴う信用危機、各国に広がった実体経済の急速な後退によって、将来への投資も含め、さらに経営資源の効率的な再配分が必要との認識から、Ｆ１活動からの撤退を決定した」（福井威夫社長／当時）

それがいかに急な決断だったかは、「9月までの状況なら、この決断はなかったが、その後、事態が急変した。撤退する判断が1年遅れたために、会社を立て直すのに3～4年も時間がかかってしまうかもしれない。一刻も早く新しい時代への対応をするべきだと判断した」という、福井のコメントが如実に物語っていた。

しかも、１９８３年から92年まで続けてきた第2期活動の際には「休止」という言葉を使用したのに対して、今回は「撤退」という言葉でＦ１との決別を明確に表明した。

「撤退という言葉をあえて使ったのは、それほど現下の環境が、自動車産業が繁栄してきたこれまでの１００年間から、次の１００年に向かう大きな転換期に差し掛かっており、これまでF1に注いできた情熱、リソース、人材を新しい時代に振り向けなければ生き残れないという、ものすごく強い意思が今回の決定に入っているとご理解いただきたい」(福井)

日本のF1文化をリードしてきたホンダのF1からの撤退は、内外に大きな衝撃を与え、その影響はトヨタにも迫ってきた。しかし、前日に開かれたモータースポーツ会議においてトヨタF1の続行が決定されている以上、ホンダ撤退の衝撃のなか、山科は状況を静観することを決めた。

そんな状況下の12月中旬、トヨタとパナソニックは都内でF1メインスポンサー契約に調印した。トヨタ自動車側からは社長(当時)を務めていた渡辺捷昭、そしてパナソニック側からは社長の大坪文雄が出席した。パナソニックはトヨタF1が初参戦した2002年から、チームのメインスポンサーとして活動を支えてきた。その契約が2009年で満了することから、契約について協議すべく話し合いのテーブルに着いたのだった。

経済状況は自動車産業だけでなく、電器メーカー業界にも厳しい風となって吹き荒れていた。しかし、パナソニックはトヨタのF1チームのタイトルスポンサーを継続することに合意し、2010年から2012年の3年間にわたる契約を締結した。

調印式に同席していた山科は「この大変厳しい経済状況の中、パナソニック株式会社様にタイトルスポンサーを継続いただけたことに、心より感謝申し上げます。今年は、念願の初優勝に向け更なる努力を重ね、パナソニック様のご厚意に報いられるようにしたいと思っておりますと謝意を贈った。

ところが、経済状態は日に日に悪化の一途を辿っていた。12月4日にモータースポーツ会議でF1継続が決定し、12月中旬にパナソニックとのメインスポンサー契約を3年間延長した後にも、トヨタ自動車社内ではF1活動に関して幾度となく見直しが図られていた。それは経理面での検証、あるいは「ホンダが撤退したのに、自分たちはこのままF1を続けていていいのか」という副社長レベルでの再確認でもあった。

やがて、そうした声は、モータースポーツ活動を推進していた同志であった岡本一雄副会長（08年6月まで副社長）を通じ、山科の耳にも届いてきた。

「どうやら、経理サイドが『F1活動を見直してほしい』と社長に進言しているらしい。年末会見で社長がF1活動を承認するまで、わからなくなってきたぞ」と。

社長への直談判

年末会見とは、トヨタ自動車の経営トップに立つ社長や副社長が出席し、毎年12月下旬に報道陣を招いて開く定例会見のことで、2008年は22日に予定されていた。すでにホンダの撤退が明らかになっていたから、会見の席上、報道陣からは社長の渡辺に対してF1活動継続についての質問が出ることは間違いなかった。急変する経済状況で社長がどのような決断を下すのか分からなかったが、山科はF1活動を継続するように直談判しようとの想いを秘め、年末会見が開かれる前日に都内で社長に会う約束を取り付けた。

愛知県の本社から東京に向かっていた社長を追いかけるように新幹線に乗った山科のもとに岡本から電話が入り、「もう少し、予算を下げる方法はないのか」と告げられた。

さっそく山科は車内で電卓を叩き、F1活動の予算を見直し、「ここまでなら、なんとか下げられます。私はこれから社長に会いますが、岡本さんからも社長に連絡を入れてください」と懇願した。

東京に到着した山科はすぐに渡辺との会談に入った。話し合いは約30分間にわたり、山科はF1活動を継続する意義と、それを行なうためにはいかなる譲歩もいとわない覚悟があることを力説し、最後に「お金はいくらでも下げます。とにかくF1を続けさせてください」と締めくくった。

渡辺もF1継続に対する思いは同じだった。なぜなら、山科をF1の代表に抜擢したのは渡辺であり、山科の人心掌握術を高く評価したからであった。ドイツ・ケルンにあるTMGには日本人とドイツ人だけでなく、世界30カ国からスタッフがひとつの目的のために集まっていた。そこには、優秀な人間が集まると同時に、まとめるのが難しいという側面があった。

ゴミ箱、蹴飛ばし事件

国籍の違いだけではなく、モータースポーツの最高峰のカテゴリーであるF1に従事する人々は、ドライバーはもちろん、開発に当たるエンジニアたちのプライドも高い。トヨタに優秀な人材が集まっているにもかかわらず、なかなか思うような成績が残せなかった遠因もこれらのコントロールにあった。

渡辺はかつてF1を視察したとき、「F1は個々の技術が高くてもダメなんですね。これからは総合力をいかに高めるかがポイントでしょう」と語ったことがある。

これは筆者の推論だが、渡辺は、これからのトヨタF1にはモータースポーツ専門の分野で仕事をしてきたエキスパートよりも、優秀なエンジニアたちをまとめ上げるリーダーが不可欠で、それにはアメリカで培ったノウハウを持つ山科が適任だと感じていたのではなかろうか。

山科が人心掌握に長けた人物であることは、こんなエピソードからもうかがえる。それは山科がチーム代表になってから1年後の08年の開幕戦オーストラリアGPでのことだった。

オーストラリアGPの決勝レースでは、ヤルノ・トゥルーリがバッテリーのトラブルを発生させて、ポイント圏内を走行しながらリタイアに終わった。チームが調査した結果、バッテリーのトラブルを発生させる予兆はウインターテストから起きていたことがわかった。しかし担当者はトラブルが起きるまでそれを隠していた。トヨタに限らず、自己責任意識が強いヨーロッパでは、成功も失敗も会社の責任ではなく個人が負うことが多い。そのため、自分が担当部門で発生している問題を表に出したがらない傾向がある。それを知った山科は、担当者を呼び出して怒鳴り、近くにあったゴミ箱を蹴飛ばした。

山科が怒ったのは、トラブルを発生させたことではなく、その予兆を知りながら隠していたことで、「なぜ予兆があったことを報告しておかなかったのか」と問うた。

トヨタには失敗したことを隠さず、積極的にその情報を開示する社風が根付いていた。これは現場の担当者に、問題の根本原因を見極めて改善する意識改革を求める「トヨタ生産方式」の基礎となる点である。だれかが失敗すると、上司は部下の失敗を叱らずに、「どんな失敗をしたのか、みんなの前で発表しろ」と言うことが珍しくない。発表していると、ほかの部署からも人がやってきて、それを聞いている人間が「俺はこんな失敗もしたよ」と発表したりするという。

山科はそんなことを担当スタッフに話したが、ヨーロッパの職人文化で育ったこのスタッフはすぐに理解できず、もう会社にはいられないと覚悟して、山科のいるトップマネージメントルームから出て行った。

ところが山科はトラブルを起こしたスタッフを辞めさせなかったし、その後も同じ仕事を担当させた。これに驚いたのは失敗した本人だった。「自分は、もうクビだ」と肩を落としていたのに、ボスから「仕事をやり遂げろ」と言われたのだから。

この事件はTMG内でも良いウワサとして広がった。

「新しいリーダーは、失敗したからといってスタッフをすぐにクビにするような人間じゃない」と、その日から、各部署の上司のところに自分たちが犯したミスを報告するスタッフが増えてきたという。これこそが山科代表がスタッフたちに理解してほしかったことだった。

こうして「山科イズム」は2008年を通してチームに徐々に浸透し、チームは渡辺が期待していたとおり同年後半にはうまく機能していった。

2年の猶予

かつて渡辺が山科をF1に抜擢しようとしたころ、渡辺は山科に「チームを建て直して優勝が狙えるようになるまでには、どれくらいかかるか」と問うたことがあった。

山科は「3年はほしいですね」と答えた。

トヨタのクルマづくりでは、36カ月単位で開発することが多かったためだが、渡辺はその山科の答えに首を縦に振らず、「ダメだ、2年でやれ。本当は1年でやってほしいところなんだから」と返した。

山科も社長が1年前倒ししてくることは織り込み済みで、「わかりました。やります。いままで社長から言われてできなかったことはありませんから」と答えた。

この会話ののち、山科がチーム代表になったのは2007年7月のことで、まだ約束から2年も経っていなかった。だが、渡辺はその場で山科に今後のF1活動に関しての明言は避けた。渡辺の様子を見た山科はいよいよ、トヨタのF1活動が岐路に立たされていることを感じた。

年末会見

山科が社長の渡辺に会った翌日の12月22日。山科の元に岡本から一本の電話が入り、「どっちに転ぶか、わからない」と告げられた。

岡本もまた前日に渡辺と話をしていたが、その岡本でさえ「今回ばかりは蓋を開けてみるまでははわからない」という。

年末会見はトヨタの名古屋オフィスで行なわれた。出席者は渡辺社長と副社長たちで、その中には次期社長と目されていた豊田章男の姿もあった。

会見は、まず下期業績見通しを下方修正した、通期業績見通しの発表から始まった。その業績見通しによれば、連結決算の売上高は21兆5000億円で営業利益は1500億円の赤字、純利益は500億円の黒字だった。営業利益は本業の利益を表す数字であり、上半期決算時点での見通しでは6000億円の黒字であったものが、一転して1500億円の赤字となった。すなわち、3カ月前の予想を7500億円も下回ったことになる。この数字から、いかに2008年10月以降の景気悪化が急激なものだったかがわかる。

このあと会見に立った渡辺社長は、さらに衝撃的なスピーチを行なった。

「世界の自動車市場は激変しています。昨年と比べて世界の自動車市場は約450万台下回ると予想されています。昨年まで9年連続で前年実績を上回ってきたトヨタのグローバル販売も、本年は日・米・欧ともに減少しました」

450万台といえば、ここ数年の日本国内での自動車販売に匹敵し、日本の市場分が丸々1年間で消滅したようなものである。そのあおりを受けて、トヨタの販売実績も上半期終了時点での見通しと比べ70万台減の754万台。前年度の実績は891万3000台であったから、137万3000台も落ち込む結果となった。

もちろん、トヨタも社内に緊急収益改善委員会を設置し、原価低減などを図ったことは言うまでもないが、ドルやユーロとの為替レートが予想よりも円高に振れたことによって、最終的に1500億円の営業赤字になった。トヨタがこれほどの赤字を計上したのは創業以来初であり、渡辺はこの状況を「かつてない緊急事態」と形容した。

「今後は、生産台数が700万台でも利益を確保できる企業体質へ転換を図らなければなりません。つまり、スリムで、筋肉質で、柔軟な体制に改善していかなければならない。そのためには、商品企画、技術開発、生産などすべてを見直し、そのうえで将来に向けた布石をしっかりと打っていくことが重要であると考えています。したがって、これまでトヨタの生産能力を引き上げてきたほぼすべてのプロジェクトについて、実施時期の延期や見直しを行なっていきます。主なプロジェクト、北米のミシシッピー工場については稼働開始時期を延期、インドのキルロスカ・グループとの合弁新工場については生産規模縮小を決定しました。さらに全世界の車両生産ラインである75ラインのうち15ラインを1直稼働（50%の稼働率削減）とし、工場内でのラインの集約化も検討していきます」

そして当期の役員の賞与を見送ることも発表され、渡辺はスピーチを終えた。

その後、会見は記者との質疑応答に移り、そこでついにF1活動についての質問が発せられた。答えたのは渡辺だった。

「若い人たちの関心は高く、多くの支持を得ている部分もあるので、今後も続けていきたいと思います。ただし、コスト削減や運営面の見直しは図らなければならないでしょう」

２００９年もＦ１活動を継続することが正式に認められた瞬間だった。吉報を聞いた山科は、すぐにケルンにいるジョン・ハウエットＴＭＧ社長に電話し、「社長がＦ１を続けると言ってくださった。ただし、さらなるコストカットが必要だ。もう一度、予算を見直してほしい」と告げた。

コスト削減

年末にドイツの自宅に戻った山科は、仕事始めとなった1月5日、ＴＭＧでハウエット、木下美明ＴＭＧ副社長らトップマネージメントを集め指示を出した。「Ｆ１を続けると言った社長の顔を絶対に立てようじゃないか。だから、いま提出されている予算案を、あと1段階から2段階、落としてほしい」

それがどれほど難しい要求なのかは山科自身が一番わかっていた。予算については、12月4日のモータースポーツ会議が開かれるまでにも、トヨタ自動車の中で経理部とモータースポーツ部の事務方が折衝を行ない、すでにその規模はかなり縮小されていたからである。さらなる予算削減を部下に求める山科の指令は、まさに「乾いた雑巾を絞れ」というものだった。

「これまでトヨタの社員としてさまざまな部署で勤務してきましたが、こんなに予算を見直したことはありませんでした」と山科は語っている。

ハウエットや木下は不満を述べることもなく、山科の要求、ひいては渡辺の熱意に応えようと何度も予算の見直しを行なった。たとえば、グランプリレースへ向かうスタッフの飛行機も搭乗クラスがエコノミーとなり、帯同するスタッフもギリギリまで削減された。それはメカニックやエンジニアだけでなくトップマネージメントにも及び、2008年まではほとんど全グランプリへ出向いていた木下の出張回数も、2009年は大幅に減らされた。

ホテルについても同様で、前年宿泊した場所に泊まるのが慣例とされてきたものが、すべて見直された。たとえばモナコGPの期間中、2008年まではモンテカルロ・ベイ・ホテル&リゾートという、専用の船着き場がある高級ホテルが定宿で、山科ほかスタッフはそこからボートに乗ってパドックへ通っていたが、2009年は三つ星クラスの庶民的なホテルに移った。

パドック内で食事などのホスピタリティサービスを行なうケータリング会社との契約に関しても同様だった。これまではF1界の首領とも表されるバーニー・エクレストンFOM代表の息のかかった会社に依頼していたが、2009年は単純な再契約は行なわず、経費削減を図るべく複数の企業に見積もらせることにし、ケイファーというドイツの有名企業と契約した。

聖域なき削減は諸経費だけにとどまらず、F1マシーンのパーツ製作にも及んだ。これまではシーズン中のテストも可能だったことから、さまざまな試作品が開発されてきたが、2009年は開幕戦から最終戦までの約8カ月間はテストが行なえない規則となったため、試作品も数を絞って製作することにし、あわせてレースへの投入数も必要最低限となった。

また、パーツも含めた機材の運搬には、FOM便と呼ばれる共同運航便が使用されるが、すべてが無料というわけではなく、基準を超過した重量分については実費の支払いが求められる。そこでTMGは「10トン削減計画」の名のもとに、2008年に比べて運搬機材の総重量を10トン減らす努力を図った。最終的にこの目標値には至らなかったものの、6トンの軽量化に成功し、輸送費でも大きなコストカットを実現した。

トヨタはこれまでにない広範囲にわたるコストカットを行ない、3月27日から始まる開幕戦に備えた。

第2章
最後のF1カー「TF109」誕生

MO

極秘テスト

山科が日本でF1活動継続に向けて奔走していたころ、ケルンでは新車が完成していた。新車の名前は「TF109」。テスト用としてF1参戦前年の2001年に開発したマシーンから数えて9世代目にあたるトヨタF1である。

TF109は早々と2008年に完成。このニューマシーンが持つポテンシャルが高かったことが、山科にF1続行の意を強くさせていたといっても過言ではない。

通常、F1の新車は年末から年明け早々にかけて1台目が完成し、1月中旬から下旬ごろに新車発表会が行なわれるのが常だ。ところが、新車でのテストを前倒しで実施したかったため、TF109は通常より約1カ月早い12月上旬に完成させていた。というのも、世界的な不況の波はF1界全体にも押し寄せ、コストの大幅な削減が求められようとしており、2009年からはテストに大きな制限を加えようとの紳士協定がなされていた。だが、協定が及ぶ以前の２００８年内であれば、テストが自由に行なえる。

シェイクダウンテストが行なわれたのはバーレーンであった。ＦＩＡ（国際自動車連盟）が指定しているテストサーキットの中でヨーロッパから遠く離れた中東のバーレーンは、Ｆ1関係者の目を遮ってプライベートテストを行なうのに絶好の場所である。期間は12月10日から3日間と15日からの3日間の合計6日間。そして、このバーレーンでの走行結果が非常に良いとの報告を聞いていた山科は、なんとしてでも２００９年もＦ1活動を続けたいという気持ちを強く持った。

年末会見で渡辺が「Ｆ1活動継続」を認めたとき、山科はＴＭＧに電話を入れるとともに、ドライバーのヤルノ・トゥルーリに1本のメールを書き送った。

「こういう状況でＦ1を継続することができたんだから、２００９年は絶対に勝とう‼」と。すでに新車をシェイクダウンさせ、その手応えを感じていたトゥルーリは、「ジョージ（山科の愛称）、わかっているよ。２００９年は勝たなくてはならない時期だっていうことはね。でも、新車に乗ってわかったよ。僕たちにもいよいよそういう時期が来るんだとね」と返信してきた。

例年、大がかりな仕掛けや派手なパフォーマンスで注目を集めてきたＦ1の新車発表会も、２００９年は控えめなものになった。なんとかＦ1活動継続に漕ぎ着けることができたトヨタも、すでに11月下旬に新車発表会はインターネット上でのみ行なうことを決定していた。副次的に、これまでのように多くのメディアを案内したり、発表会場を設営したりという作業がなくなった分、スタッフは発表会が近くなってもチーム内の仕事に没頭することができた。そして新車ＴＦ１０９がインターネットで発表される前日、ＴＭＧ全従業員を呼んで全社ミーティングを行なった。集まった場所は、ファクトリーの中で一番広いワークショップという、2階まで吹き抜けとなっている体育館のような部屋だった。

ＴＭＧで仕事する全従業員を前にして、山科は次のような言葉を贈った。

「今年われわれがＦ1活動を続けることができたのも、みんなの努力があったからだと思っている。ありがとう。トヨタ自動車のような大企業といえども、いまは生き残りを賭けて戦っている。そんな状況の中で、われわれはＦ1活動を続けるという道を勝ち取ることができた。だから、今年は絶対に勝とうじゃないか」

そのスピーチを聞きながら、うなずくＴＭＧのスタッフたち。勝利への思いは皆も同じだった。山科がＴＭＧに来て3シーズン目、トヨタが初めて「勝利」を意識した瞬間だった。

エアロダイナミクスの見直し

Ｆ１マシーンの開発にあたって、もっとも重要なファクターとなるのは、エアロダイナミクス（空力）だ。

現在のＦ１における、エンジンの全開率（１周の間にスロットルペダルをベタ踏みしている状態）は平均で約６割である。残りの約４割は、スロットルを半分ぐらいしか開けていないか、あるいはブレーキングしていることになり、それはほとんどの場合、コーナリング状態である。つまりコーナーをいかに速く走るかが勝敗の分かれ目となる。それにはタイヤを効率よく接地させることが重要であり、空気の流れを利用してクルマを地面に押さえつけるダウンフォースが必要というわけだ。

今日では、風洞施設による空力開発はマシーン開発に不可欠だが、この分野でリードを図ったのは１９９０年代後半のフェラーリだった。風洞施設をファクトリー内に備え、ミハエル・シューマッハーというスーパースターとともに黄金時代を築いた。ライバルたちもこれに続いて自前の風洞施設を持つようになり、エアロダイナミクスの競争はますます激化していった。

先にも述べたように、トヨタは開発にあたるチーフエンジニアをアンドレ・デ・コルタンツ、グスタフ・ブルナーと替えた。そして元ルノーの空力エキスパート、ガスコインによって誕生したＴＦ１０５で、ようやくトヨタは２００５年にグランプリで初めて表彰台に立つことができた。

この功績から、トヨタの躍進はガスコインの手腕によってなされたと見る者も少なくなかったが、状況はそれほど単純ではなかった。たとえば、2005年はフェラーリ、マクラーレンというトップチームが、新しいレギュレーションへの対応に遅れたことを考慮しなければならない。その証拠に、トヨタはルノーとともにシーズン序盤には表彰台を独占していたが、トップのルノーとの差はラップタイムで約1秒もの差があった。やがてフェラーリ、マクラーレンが徐々に本来の力を発揮し始めると、トヨタは彼らの後塵を拝するようになり、ルノーとの差はさらに大きく開いてしまった。

ガスコインによって、それまで宝の持ち腐れとなっていた風洞施設が再生され、トヨタのエアロダイナミクスが格段に洗練されたことは間違いない。しかし、そのレベルはまだトップチームに比肩するほどではなく、ガスコインの力では限界が見えていたことも確かだった。

当時のルノー、フェラーリ、マクラーレンにはあってトヨタになかったものは、コーナリング中のダウンフォース量であった。

ガスコインの功罪

２００３年末にガスコインがトヨタに加入したころ、Ｆ１におけるエアロダイナミクス開発は、直線を走行している状態だけでなく、コーナリング中の姿勢をも想定するようになっていた。つまり、風洞実験では、50％スケールのモデルカーをコーナリングしているかのように傾け、あるいは前輪をステアしてデータを収集する。トヨタも同様に、さまざまな姿勢でのテストを実施していた。

だが、ガスコインの加入以降、「風洞実験の精度を上げる」という理由のもとで、テストは直線状態でのダウンフォース量を増加させることだけに集約されてしまった。しかも、このときガスコインは空気抵抗を重視していなかった。つまり、ダウンフォースを稼げれば、空気抵抗が増えてもかまわないと考えていた。

現在では、どのチームもクルマの空力特性を表すときには、空気抵抗を加味したＬ／Ｄ値を用いている。分母のＤは空気抵抗を、分子のＬはダウンフォース量を示し、ダウンフォース量が変わらなくても空気抵抗が少なければ、係数が増加していく。逆にダウンフォース量が上がっても空気抵抗が増えてしまえば、ポイントは上がらない。

ところが、ガスコインの下で行なわれていたトヨタの空力開発は、Ｌ値だけで表されていたのである。つまり空気抵抗は無視されていたということになる。事実、風洞実験でよい結果が得られたパーツを実際にクルマに装着して走らせても、ラップタイムは上がらないことが珍しくなかった。ダウンフォースは増えたが、同時に空気抵抗も増えてしまったため、直線スピードが低下し、結果的にタイムがほとんど向上しなかったのである。

ガスコインがトヨタにもたらした功罪のうち、風洞実験の精度を上げたことが「功」だとすれば、ダウンフォース至上主義のこのやり方は「罪」となっていった。

また、エアロテストを中止したことも「罪」だった。エアロテストとは、通常のサーキットで行なうテストとは異なり、直線コースだけで行なわれるテストのことである。サーキットを何周も走行する合同テストのほうがさまざまなデータを収集できるが、金と時間がかかる。その点、エアロテストは収集できるデータに限りはあるが、滑走路や自動車会社のテストコースなど、身近な場所で簡単にできるというメリットがある。

どんなに風洞実験の精度が上がったとしても、実車を実際にコースで走らせるテストの方が得られるものが多いのは明白で、たとえ直線路だけのテストであってもエンジニアにとっては欠かせない機会であった。どこのチームもエアロダイナミクスの開発には欠かせないと考え、トヨタも2002年と03年にエアロテストを実施していた。だが、ガスコインは「実走テストで変なデータが出ると、風洞実験の妨げになる」との理由でテストを中止させた。

さらにガスコインは、クルマからセンサーを取り外した。現在のF1は車体のあちこちにセンサーが装着されており、走行中、タイヤ温度などのデータがテレメトリーでピットにいるエンジニアたちに送られてくる。しかしガスコインは「君たちはまだそれを読んで考えるレベルにいない」と言い放つと、これらを廃止した。

マシーンのセッティングやレース戦略を決める際、エンジニアたちはテレメトリー・データを見ながら結論を出すのだが、それを放棄したトヨタは常にガスコインの直感で指示が出される体制となってしまった。

２００５年はエンジンが3リッターV10だったので、空気抵抗の不利は好調だったエンジンのパワーが相殺したこともあり、ガスコインの開発方針であっても、速かったから問題は表面化しなかった。だが、２００６年からレギュレーションが改正され、2・4リッターV8エンジンとなったことで最高出力が2割ほど低下すると、エアロダイナミクスの開発の差が大きく結果となって表れることになった。

２００６年の開幕戦となったバーレーンＧＰでは、ガスコインが開発したＴＦ１０６は予選で14位と17位という屈辱を味わった。だがこの時点では、木下らトヨタのトップマネージメントたちは、その原因がガスコインだけのものなのか否か判断に苦慮していた。理由はトヨタＦ1が、同年からタイヤをミシュランからブリヂストンに変更していたことにある。走行後にタイヤの温度を測定したところ想定よりも低く、それならタイヤを作動温度域に温めるようなプログラムさえ組めば、ＴＦ１０６はもっと速くなるはずだとの望みがスタッフの胸中に芽生えたのである。

しかしその望みは1週間後に打ち砕かれてしまう。

マレーシア事件

悪夢のバーレーンGPから1週間後のマレーシアGPで事件が起こった。

ガスコインは通常より2日遅れて金曜日夕方にセパン・サーキットに入ることになっていた。グランプリ初日の金曜日にはガスコイン不在でセッションを行なうこととなるため、トヨタのF1トップマネージメントは、2005年から加入していたパスカル・バセロンをガスコインの代役に充て、現場責任者としての大役を任せることにした。

バセロンは、2004年までミシュランでF1プログラムのリーダー的役割を任されていた辣腕エンジニアで、2005年からトヨタに移籍し、シャシー研究開発部門に所属していた。

ガスコイン不在の中で始まったマレーシアGPフリー走行1回目。気温は32度、路面温度も34度というコンディションで、タイヤには充分熱が入っていた。ところがトヨタの2台は同じタイヤを履くフェラーリから約1秒離されてしまう。これでバーレーンでの失速の原因がタイヤではなかったことが明らかとなり、トヨタのトップマネージメントは、セッション終了後に緊急ミーティングを開き、フリー走行2回目に向けての対策を練った。そこでバセロンに、「ダウンフォースを削った状態で走らせてみてほしい」との指示を出した。

フリー走行1回目が終了してから2時間後の午後2時から始まったフリー走行2回目では、トヨタは1台を午前中と同じダウンフォースレベルのままで走らせるいっぽう、もう1台はウィングを寝かせて少しダウンフォースを減らした仕様で走らせた。結果はほぼ同タイムだった。次は2台のウィングレベルを逆にして走らせると、結果は同じであった。これでただ闇雲にダウンフォースを増やしても、ラップタイムは向上しないことが明白になった。

セッションが終了してミーティングを行なっているころ、ガスコインがサーキットに到着。その日の結果を聞くなり、激怒した。

「なんというプログラムだ。こんなやり方は許されない。オレに恥をかかせるつもりか!!」

しかし、トップマネージメントたちは冷静だった。

「われわれはクルマを速く走らせるために、いろいろ考えた末、このようなプログラムを立てただけだ。それが間違っているというのなら、どうすればクルマが速くなるのか答えてほしい」

ガスコインから答は出てこなかった。

もはやガスコインにトヨタF1の技術部門を任せておく理由がなくなった。こうして、ガスコインは次戦オーストラリアGP後に事実上、解任された。

改革

ガスコインが去った後、トヨタF1の技術部門を仕切るようになったのはバセロンだった。トヨタはバセロンに新しい役職となる「車両デザイン及び開発ゼネラルマネージャー」というポジションを与え、彼のサポート役として、この年トヨタ自動車のモータースポーツ部からTMGへ赴任してきた永島務を充てた。永島の役職名はシャシー部門シニア・テクニカルコーディネーターであり、技術部門全体の監視役的な立場である。

永島がバセロンとともに行なった改革は、風洞実験のやり方である。改革点はふたつある。ひとつはダウンフォースの数値には必ず空気抵抗を考慮した表記をすること。いわゆる、L／D値のことだ。トヨタの場合、L／Dではなく、空気抵抗のDは摩擦係数coefficientの頭文字Cを用い、ダウンフォースのLについては路面（Z）への入力ということからCZ値で表記した。ふたつ目はモデルカーを傾かせた状態や、ステアリングを切って前輪を左右に動かした状態での実験をスタートさせたことだ。

永島は元々、日産自動車の社員としてこの世界に入り、NISMO（ニッサン・モータースポーツ・インターナショナル）でモータースポーツ活動に従事していた。その後、日産が業績悪化を理由にモータースポーツ活動を縮小。量産車部門へ配置転換された永島は、2000年に一大決心してトヨタの門を叩いた。

永島は大学で流体力学を専攻していたということもあり、TMGの風洞実験を見直す人物としては適任だった。とはいえ空力の開発には時間のかかる作業が伴う。しかもこれから行なうのは、実際にコースを走行しているマシーンと同じような状態を再現するという高度な技術であった。モデルカーを傾かせて行なうという実験ひとつとっても、傾斜角度の設定、向きを変えるタイミングなど、考慮すべきポイントはさまざまである。毎日、地道な作業が続けられ、ガスコインが作った空白の2年間を埋めるためには、やはり約2年間の歳月を要した。

永島たちが行なった改革がようやく結果となって見えてきたのが、2008年だった。この年に送り出したTF108が、絶対的なパフォーマンスはともかく、コース上で風洞実験でのデータどおりのパフォーマンスを披露するようになったからである。そして、2008年春、翌年に向けてトヨタが製作するTF109の開発が本格的にスタートする。

2009年にはエアロダイナミクスに関するレギュレーションが特に大がかりに変更され

ることになっていた。ＦＩＡの狙いは、より安全で、追い越しがしやすくなるようトップスピードを下げ、前車からの気流の影響を減らすためダウンフォースを２００６年比で50％減少させようとしていた。そのため、どのチームも開発のスタート時は、２００８年のマシーンよりも大幅にダウンフォースを失っていた。トヨタも同様で、２００８年の４月の段階で、ＴＦ１０９の空力パフォーマンスはＴＦ１０８に対して４秒落ちという状態だった。

やり直し

トヨタの開発陣がＴＦ１０９を開発するにあたって立てたコンセプトは、ホイールベースを60㎜長くして、クルマの回頭性を上げることだった。一般にホイールベースは短いほうが回頭性はよさそうに思われがちだが、力学的にはホイールベースが長いほうがフロントタイヤの食いつきも、リアタイヤの踏ん張りも上がる。ただし、ロングホイールベースにするとどうしても重量がかさむ。

09年のＦ１マシーンはレギュレーションによって最低重量がドライバー込みで６０５㎏と定められていたが、少しでも軽くクルマを作れば、その分の重量はバラスト（重り）として最適な場所に装着させることができ、重量配分の自由度が増し、低重心化も図られる。

そこで開発陣たちは、設計段階でTF109の総重量をTF108に比べて10kg軽くするという困難な計画を立てた。ところが新車ができあがった2008年暮れになって、重量減が目標に達していないことが判明した。しかも超過分は15kgもあり、結果的に前年のクルマよりも重くなったのだ。永島はコーディネーターとして、この状況を見過ごすわけにはいかなかった。

「グラム単位で軽量化しているのに、15kgも重いというのは、どういうことだ」

怒鳴り込んだのは設計管理部だった。クルマの総重量は各パーツの重量を計算して弾き出されるのだが、この仕組みに問題があったために誤差が生じていたのだ。原因はともあれ、重いとわかった以上、永島にはTF109をこのまま何台も作らせるわけにはいかなかった。さっそくバセロンの元へ行き、やり直しを命じた。

すでにKERS（運動エネルギー回生システム）のテスト用に2号車と、ホモロゲーション用の3号車の製作に着手していたため、永島は4号車から軽量化するように指示。そして、開発責任者であるバセロンに「今後このような失敗を繰り返すことがないように」としっかりと釘を刺しておくことも忘れなかった。

それでも、永島が改革して性能を向上させた風洞実験のおかげで、TF109は効率のいいエアロダイナミクスを得たため、年末の時点でTF108から2秒落ちのところまでパフォーマンスを向上させていた。4月の時点で4秒落ちだったから、8カ月間で2秒も改善を図ったことになる。それは、通常のトヨタの開発では1シーズン分に匹敵する急激な勾配だった。

トリプルディフューザー誕生

2008年の4月からスタートした50%スケールのモデルカーを用いた風洞実験が4カ月を経た8月下旬、TF109の空力効率が飛躍的に改善した。その改善値は30ポイント（グラフの目盛りでは0・3）と、ラップタイムに換算すると約1秒も速くなるという計算だった。

基本的にダウンフォースを増加させようとすると、どうしても空気抵抗も増えるため、ダウンフォース増加分がそのままラップタイムに反映されない。したがって、開発はダウンフォースを増加させ、次にその中で空気抵抗を極力減らすという試験が繰り返される。そのため、空力効率の改善を示すグラフは線が上下に細かく折れながら上昇していく折れ線となる。

8月下旬、その折れ線がほぼ垂直に上昇した。垂直に上昇するという事象は、空気抵抗をまったく増やすことなしに、ダウンフォースを増加させたことを示している。このような「魔法」を可能にしたのは、ディフューザーの効果であった。

ディフューザーとは、床下を流れる空気を後方へ流し出す拡散器のような役割を果たしている空力パーツだ。ウィングなどのように空気の抵抗をほとんど受けず、床下を流れる空気の流速スピードを上げるだけで強力なダウンフォースを発生させるため、どのチームもこの部分の開発には力を入れている。

しかし、F1を司るFIAは、2009年からレギュレーションを改訂すると発表。マシーン後部に関する車体寸法を変更することで、ディフューザーの役割を抑制させる方針を打ち出したのである。前述したように、これは年々上昇するコーナリングスピードをダウンフォースの削減によって低下させ、安全性を高めるための施策であった。ディフューザー以外にも、前後のウィングの寸法が変更され、これまで車体のあちこちに装着されていた空力パーツの取り付けに関しても大きく制限を加えた。その結果として、ダウンフォースは50％ほど減る見込みだった。そのため、当然ながらダウンフォースを増加させようにも開発はこれまでのように順調にいかなかった。トヨタの開発陣も、4月から8月にかけて2008年マシーンと比べて約4秒落ちのところでもがいていた。

前後のウィングや車体に装着する細かな空力パーツによるダウンフォースの増加には限界があると判断したトヨタが見直したのは、ディフューザーだった。確かにディフューザー部

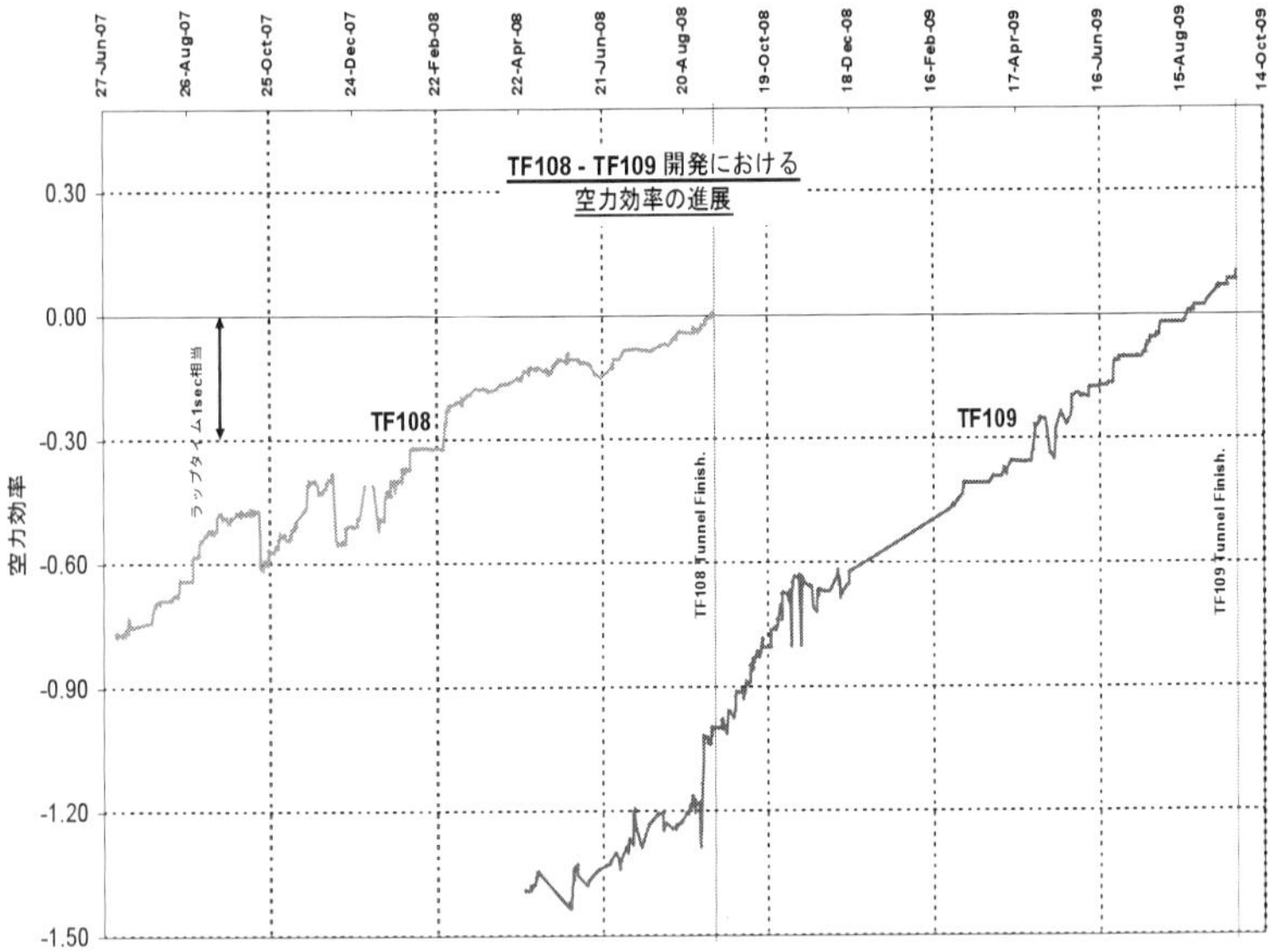

空力効率の進展を示すグラフ。縦軸が空力効率で、横軸は時間。左が 2008 年モデルの TF108、右の折れ線が 2009 年の TF109 を表す。レギュレーション変更で前年モデルより空力効率の下がってしまった TF109 は、グラフ中ほどの 2008 年 8 月に劇的に効率が改善され、垂直にグラフが立ち上がっていることがわかる。（資料提供：トヨタ）

分もFIAはレギュレーションの変更を加えていた。しかし、それは出口部分に限り、入口部分に関しては2008年までと同様、特別な規制を加えていなかった。トヨタの開発陣が目をつけたのはそこだった。

レギュレーションの盲点

F1のレギュレーション（規則）は第1条から第22条まであり、さらに各条は3から21の項目が設けられ、車体の寸法から、使用する燃料の成分まで細かく規定されている。その中でトヨタの開発陣が注目した部分が、第3条12項にある2つのレギュレーションだった（章末のコラム参照）。

F1のレギュレーションは、「この寸法で作りなさい」というような単純明快な規定ではなく、「○○から○○までの間の高さは○○から○○㎜でなければならない」とか、「○○から見える部分には空間があってはならない」という表現となっている場合が多く、場合によっては細かすぎるが故に、抜け穴が存在することがある。

一例をあげれば、FIAがレギュレーションの第3条12項の1～3で規定していることを要約すると、「フロントホイール中心線の後方330㎜からリアホイール中心線までの車体の底部は基本的に平面でなければならず、かつ車体の中心から左右300～500㎜の部分に50㎜の段差があって、段差面は基本的に面で覆って塞がなければならない」となる。

「抜け穴」とは、第3条12項1の「フロントホイール中心線の後方330㎜からリアホイール中心線まで」という部分と、第3条12項3の「基準面周辺部のいかなる点の垂直上方にも、目に見える段差面上の表面がない場合は、この移行部は不要である」という一文である。

第3条12項1を別な角度から解釈すると、「リアホイール中心線の外に穴を作っても良い」とも受け取ることができる。すなわち、2つめのディフューザーを作ることが可能だということになる。

第3条12項3についても同様で、「垂直上方の段差面上に表面がなければ、面で覆う必要はない」とも解釈が可能で、結果的に、ここにできた穴を利用して3つめのディフューザーを作ることも可能となった。

もちろん、トヨタは「これはディフューザーではなく、結果的にできた穴」という位置づけにして、本来のディフューザーとは別の部分に排出口を設けることで、レギュレーションに違反せずにダウンフォースを稼ぐ工夫を施した。

これによって、ダブル（2層式）ではなく、トリプル（3層式）ディフューザーというアイディアが誕生した。空気抵抗を増やさずにダウンフォースだけを稼ぐことに成功したトヨ

ディフューザーの盲点

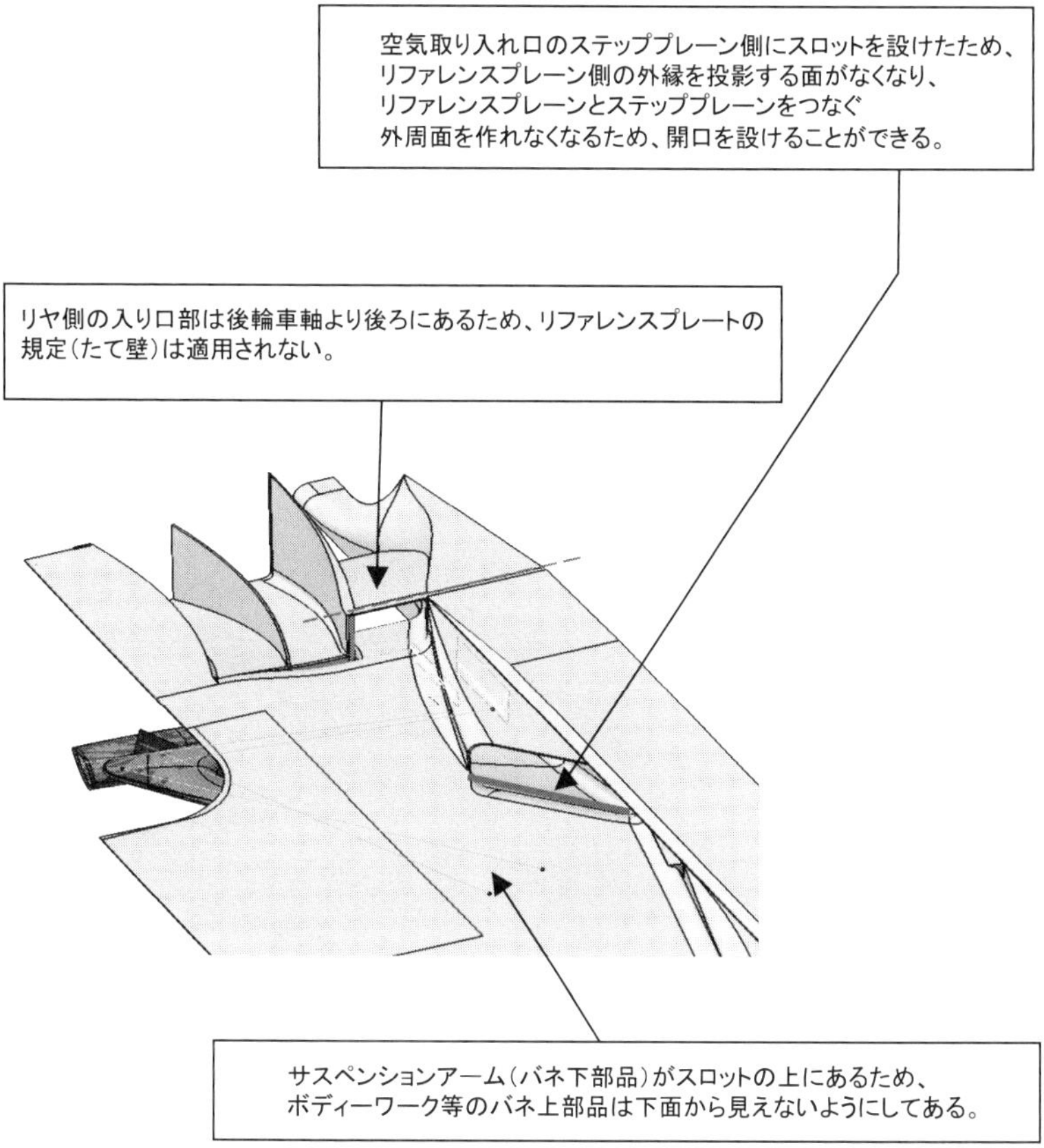
空気取り入れ口のステッププレーン側にスロットを設けたため、
リファレンスプレーン側の外縁を投影する面がなくなり、
リファレンスプレーンとステッププレーンをつなぐ
外周面を作れなくなるため、開口を設けることができる。
リヤ側の入り口部は後輪車軸より後ろにあるため、リファレンスプレートの
規定(たて壁)は適用されない。
サスペンションアーム(バネ下部品)がスロットの上にあるため、
ボディーワーク等のバネ上部品は下面から見えないようにしてある。

(資料提供:トヨタ)

タは、一気に1秒分に相当する空力効率の改善を果たすと、さらに2個ずつある入口と出口を最適化していくことで、4カ月後の2008年12月には1・5秒相当もクルマを速くすることに成功した。

空力性能だけで比較すれば、2008年車に対してまだ2秒落ちだったが、09年からはもうひとつ大きな変更があり、溝がなく、グリップ性能が高いスリックタイヤが復活するため、08年の年末の段階でTF109はマシーンのトータルパッケージとして、2008年型と同レベルの速さを持ったF1マシーンとなっていた。

バーレーンの極秘テストにおいてその速さが確認された。新車をシェイクダウンさせたトゥルーリが、山科に「ジョージ、新車に乗ってわかったよ。僕たちも、いよいよ勝てるレベルに到達してきた」とメールしたのは、こうした改良を知ったからだった。

KERS不採用

新車TF109がメディアに公開されたのは、極秘テストから約1カ月を経た、2009年1月19日から始まった合同テストの場だった。テスト会場となったのは、ポルトガル最南端のアルガルベ地方に新設されたアルガルベ・サーキットであった。この地方は地中海を挟んで遠くアフリカ大陸を望むヨーロッパでも人気の高い避寒地で、カリフォルニアよりも日照時間が長く、冬季でも数日間しか降雨にならない。

この好条件から多くのF1チームが集まり、合同テストには前年のチャンピオンチームであるマクラーレンのほか、ルノー、ウィリアムズ、トロ・ロッソも参加、ここでトヨタ期待のニューマシーン、TF109はメディアとライバルチームの前に姿を現した。

テストは初日から雨が降る生憎のコンディションとなったことで、トヨタはこの初日のテストにトリプルディフューザーは投入しなかった。そもそも、トヨタは初日にKERS搭載車を走らせ、システムを確認する作業をメインプログラムにしていたので、初日の雨による影響はほとんどなかった。

KERSとは「運動エネルギー回生システム」の略で、FIAが2009年に使用を許可したF1版ハイブリッドシステムである。プリウスなど市販車ではこの分野で先陣を切るトヨタは、F1マシーンでもその開発を試みたが、結果的に実戦に採用することは見送った。F1のハイブリッドシステムは、市販車よりもむしろ技術レベルが低く、しかも使い方が限られているため、2009年のレギュレーション下ではメリットよりもデメリットのほうが大きいと判断したことが、不採用の理由であった。

トヨタの判断が間違っていなかったことは実戦で明らかになった。2008年のコンストラクターズ選手権のトップチームであるマクラーレン、フェラーリ、BMWザウバー、ルノーはいずれもKERSを搭載して2009年に臨んだが、どれも大いに苦しみ、KERS非搭載車のブロウンGPとレッドブルがこの年のタイトル争いを繰り広げたことが、そのことを如実に物語っている。

だが、KERSのような新技術は飛躍的に技術レベルが高まるケースがあることを考慮して、トヨタは開発だけは続行させており、アルガルベ・テストの初日にKERS搭載車を走らせた。

KERS搭載車はバッテリーなどが装備されるため、通常のマシーンとはモノコックの仕様が異なる。つまり、1カ月前のバーレーンでの極秘テストで走らせたTF109とは違うマシーンをトヨタはアルガルベ・サーキットに持ち込んでいたこととなる。シャシーナンバーは「TF109-02K」。これはTF109の2号車であり、最後の「K」はKERS専用車を意味していた。

現在のF1はテストで1日1台しか走行が許されていないため、紳士協定でモノコックも1台しか持ち込まないようになっている。ところが、トヨタは初日にKERSのチェック走行を終えた後は、通常マシーンでのテストを計画していたため、2日目からは「TF109-01」、つまり1号車を走らせる予定を組んでいた。そこで、トヨタは事前に各チームの了解を得て、アルガルベ・サーキットに2台のモノコックを持ち込み、初日のテスト終了後にモノコックを2号車から1号車に入れ替えた。

ところが、アルガルベは2日目も雨。しかも、一日中雨用のウェットタイヤを履いて走行しなければならないほどの激しい雨だった。そのため、この日ステアリングを握っていたトゥルーリもモディファイされた最新のトリプルディフューザーを試すことができなかった。そして、テストは3日目を迎えた。この日、トヨタのテストを任されたのは、ティモ・グロックだった。

痛恨のトラブル

3日目になって、アルガルベにはようやく青空が広がった。しかし、吹き下ろす北風は寒く、早朝まで降った雨によって濡らされた路面は、テスト開始時間になっても乾くことはなかった。開始から約2時間、ようやく路面が乾き出す。すると、トヨタのガレージが慌ただしい動きを見せ始める。このとき、トヨタの内部ではふたつの意見がぶつかり合っていた。

「1カ月間で進化した最新のディフューザーが、コース上でどのようなパフォーマンスを見せるのかを試そう」

「いや、乾いてきたとはいえ路面コンディションが良くないので、今回は使用を見送って次回のテストとなる約3週間後までライバルチームに隠しておいたほうがいいのではないか」

どちらの意見にも一理ある。開発してきたものがどんなパフォーマンスレベルにあるのか知りたいと思うのは当然である。そして、ライバルに手の内をできるだけ明かしたくないと思うのも当然である。これが2～3年前のように自由にテストができていた年なら、もう少し待つこともできていたかもしれない。しかし、09年は1月1日から開幕までに5回までとテストが制限されていたため、開発したパーツを少しでも早くコース上でテストしておきたいと思う気持ちがチーム内では強くなっていた。

そして午前11時、トヨタはグロックが乗るマシーンのディフューザーをノーマルなものからトリプルへと交換。コースへと送り出した。ところが、アウトラップでグロックのマシーンは白煙を上げて、コース脇に止まってしまった。原因はオイルパイプが外れてオイルが漏れ、それに引火したというマイナートラブルだった。しかしこのトラブルによって、トリプルディフューザーの存在がメディアを通してライバルチームに知れ渡ってしまうという、想定外の問題が起こることになった。コース脇で止まったTF109はカメラマンたちの格好の餌となり、インターネットを通してさまざまなメディアに配信されたのである。

トラブルが秘密兵器の存在を知らせてしまった。

これでトリプルディフューザーの存在をライバルチームに知らせてしまったが、トヨタは用心深く、そのアドバンテージをライバルが過小評価するよう、テストでは燃料を多めに搭載してあえて速いタイムを狙わなかった。3度目のテストとなった2月下旬のバーレーンでは、フェラーリとBMWザウバーという08年のトップチームのタイムがあまり速くないと判断し、50kgから70kgというかなり重い状態での走行に徹していた。

そして、そのような状態でも互角以上のテスト結果を得ていたトヨタだったが、いよいよ新兵器トリプルディフューザーが威力を発揮したのは、4回目のテストとなったスペイン・ヘレスだった。グロックが2日連続でトップタイムをマーク。5日間のテストを終えたとき、最終日のステアリングを握っていたトゥルーリは、こう言ったほどだった。

「このまま、すぐ開幕戦のオーストラリアへ飛んでいきたい」

しかし開幕までにテストはもう1回残っている。そしてそのテストでトヨタは衝撃的なものを見ることとなる。

２００９年フォーミュラ１技術規則（抜粋）

◇第３条12項１

フロントホイール中心線の後方３３０㎜からリアホイール中心線までの、車両の下から見える懸架部分はいずれも、平行する基準面と段差面のどちらかの表面を形成しなければならない。これは、見える所にあるリアビューミラーに関しては、これらの面積がそれぞれ車両上方の水平面、あるいは第15条４項７に言及されているパネルのすべての部分に対し投影した場合に１万２０００平方㎜を超えない場合に限り、それらのいかなる部分に対しても適用されない。段差面は、基準面から50㎜高い所になければならない。

◇第３条12項２

さらに、基準面上にあるすべての部品で形成される面は、

フロントホイール中心線の後方３３０㎜の点からリアホイールの中心線まで継続さ

れなければならず、
その幅は各々最小３００㎜、最大５００㎜で、車体中心線を軸に左右対象でなければならず、車両の真下から見た時に前部の各角上に半径50㎜（±２㎜）の丸みがなければならない。
これについては基準面の表面が定義された後で適用されるものとする。

◇第３条12項３
基準面上の表面はその周辺部において段差面上の表面と垂直移行部により結合していなければならない。基準面周辺部のいかなる点の垂直上方にも、目に見える段差面上の表面がない場合は、この移行部は不要である。

第3章
メルボルン、悪夢からの逆転

TOYOTA

突然現れたライバル

トヨタがトップタイムを連発したスペイン・ヘレスでの合同テストが終了した翌日の3月6日、イギリス・シルバーストーンで1台のマシーンがシェイクダウンした。マシーンの名前はブロウンBGP 001。ステアリングを握ったのはジェンソン・バトンだった。ブロウンGPは、2008年の12月5日にF1からの撤退を表明した旧ホンダチームを、チーム代表を務めていたロス・ブロウンが買収して再スタートしてさせたチームだ。

ブロウンGPの加入によって、F1は2009年も引き続き10チーム20台によって争われることになった。ホンダがF1撤退を発表したときには、「あと1チームか、2チームは撤退するかもしれない」と噂されていたが、ホンダに続くメーカーがなかったことと、「元ホンダ」のブロウン・チームも参戦を継続できることとなり、このニュースはライバルチームからもおおむね歓迎されていた。

しかし、翌週開始されたウィンターシーズン5回目となるスペイン・バルセロナでの合同テストにブロウンGPが参加すると、ライバルたちのブロウンGPに対する目の色は激変した。

初日、まずステアリングを握ったバトンがなんと4番手のタイムをマーク。翌日のテストを担当したルーベンス・バリケロが、ひとつポジションを上げ、3番手のタイムで2日目を切り上げると、今度は3日目にバトンがトップタイムを叩き出してみせた。しかも、この日、どのチームより多い124周を走行しての最速タイムだった。この走りが偶然でないことは、最終日を任されたバリケロが4日間のテストにおけるトップタイムを刻んだことで証明された。

低迷続きのホンダから引き継がれたブロウンの激変した走りに、ライバルチームが衝撃を受けたことはいうまでもない。なかでももっとも深刻に受け止めたのは、トヨタのスタッフだった。トヨタは1週間前のテストを終えた段階で優勝に一番近い存在だと確信していたが、その数日後に出現した強力なライバルの存在に危機感を覚えずにはいられなかった。

しかもトヨタのスタッフはブロウンGPが速い理由を知っていた。すなわち、トヨタだけが採用してアドバンテージを得ていたトリプルディフューザーと似たような構造のディフューザーを、BGP 001が採用していたからである。ただし、そのシステムはトリプルではなく、2層式のダブルディフューザーだった。

類似点と相違点

正確には、この時点でウィリアムズもダブルディフューザーを採用していたが、ウィリアムズのものは、リアホイールの中心線のすぐ後ろに2つめのディフューザーの入口を設けたタイプだった。これに対して、ブロウンGPのダブルディフューザーは、リアホイールの中心線よりも前方に穴を設けるという、トヨタの3つめのディフューザーと同じ処理をしていた。

これだけを見れば、3つのディフューザーを持つトヨタのほうが、2つしかないブロウンGPより性能が高いように思えるが、F1のエアロダイナミクスは「1＋1＝2」というような単純な算数ではない。

トヨタのディフューザーは、リアホイールの中心線よりも前方に入口がある3つめのディフューザーの出口と、リアホイールの中心線のすぐ後ろに入口がある2つめのディフューザーの出口は、場所が近いことで干渉してしまい、そのメリットを最大限に活かしたとはいえない状態となっていた。

ライバルが3つめのディフューザー部分の存在に気づかず、その恩恵を受けていた3月上旬のヘレス・テストまでは、トヨタのスタッフも自らのトリプルディフューザーに疑念を抱くことはなかった。だが、バルセロナのテストでトップタイムを連発したブロウンGPのタイムが、トヨタより最大で1・3秒も速かったという現実を目の当たりにすると、トヨタの開発陣は自らのディフューザーを考え直さなければならないと痛感した。

しかしトヨタにはまだひとつだけ望みがあった。それは1月のアルガルベ・サーキットから始まったウィンターテストで、トヨタは1度たりとも燃料タンクを軽くした走行を行なっていなかったことだ。ライバルたちの目を欺くためであり、ウィンターテストの期間中はレースを想定したタイヤのデータをしっかりと収集することに集中していた。

トヨタのスタッフらは最後のバルセロナ合同テストを終え覚悟を新たにした。

「よし、これで重りを外すことができる。メルボルンへ行って、ブロウンGPと真剣勝負しようじゃないか」

ライバルからの抗議

2009年のF1世界選手権は17戦で争われ、その開幕戦、オーストラリアGPの舞台となったのは、メルボルン郊外に位置するアルバートパーク・サーキットだ。公園内の周回路を利用して造られた市街地サーキットのため、どのチームにとってもレースウィークがぶっつけ本番となる。

TMG副社長の木下には勝算があった。木下が期待に胸を膨らませて開幕戦に臨むのは、これが2回目のことになる。1回目は4年前の2005年、トヨタが初めて表彰台に上がるなど、成功を収めたシーズンだった。4年前と違うのは、当時の目標は表彰台に上がることだったが、今年は優勝することしか考えていないことだ。さらに、4年前はまだ自分たちがどうして速いのかがわかっていなかったが、今は技術的に自分たちの速い理由を把握していた。

そんな木下の期待とは裏腹に、一般の予想はトヨタにとって厳しかった。オーストラリアでは、さまざまなスポーツでギャンブルが許されており、F1も当然、賭けの対象となっているが、そのオッズを見るとトヨタの劣勢は一目瞭然だった。開幕前日に地元のブックメーカー(賭け屋)が発表したオッズで最も低かった、すなわち優勝に近いと予想されたのはキミ・ライコネン（フェラーリ）とジェンソン・バトン（ブロウンGP）のふたりの5倍。続いて3番目につけたのが、フェリペ・マッサ（フェラーリ）で、4位は06年の王者フェルナンド・アロンソ(ルノー)、そして5位が08年の王者ルイス・ハミルトン(マクラーレン)という順だった。トヨタのふたりはというと、ともに34倍で10位と11位。つまり、地元のブックメーカーには「優勝どころか、ポイントすら獲得できない」と予想されていた。

メルボルン入りしたトヨタに思わぬ逆風が吹いた。トヨタが独自に開発したトリプルディフューザーに対して、ライバルチームがレース審議委員会に抗議を申し立てたのだ。3月26日、開幕前夜の7時に抗議してきたのは、フェラーリ、レッドブル、ルノーの3チームで、トヨタだけでなく、ダブルディフューザーを持っているブロウンGPとウィリアムズに対しても、同様に抗議した。

レース審議委員会はすぐさまトヨタ、ブロウンGP、ウィリアムズの3チームの担当者を呼んでヒアリングを行なった。通常であれば、翌日から開始されるフリー走行に備えて、グランプリ前夜のサーキットは一部のメカニックとセキュリティしか残っていないのだが、この夜のアルバートパークはチーム代表やテクニカルディレクター・クラスのエンジニアも残り、レース審議委員会の決定を見守っていた。

結果、レース審議委員会は、3チームのマシーンはレギュレーションに合致していると判断し、抗議を棄却した。その時、時計の針は深夜11時を回っていた。

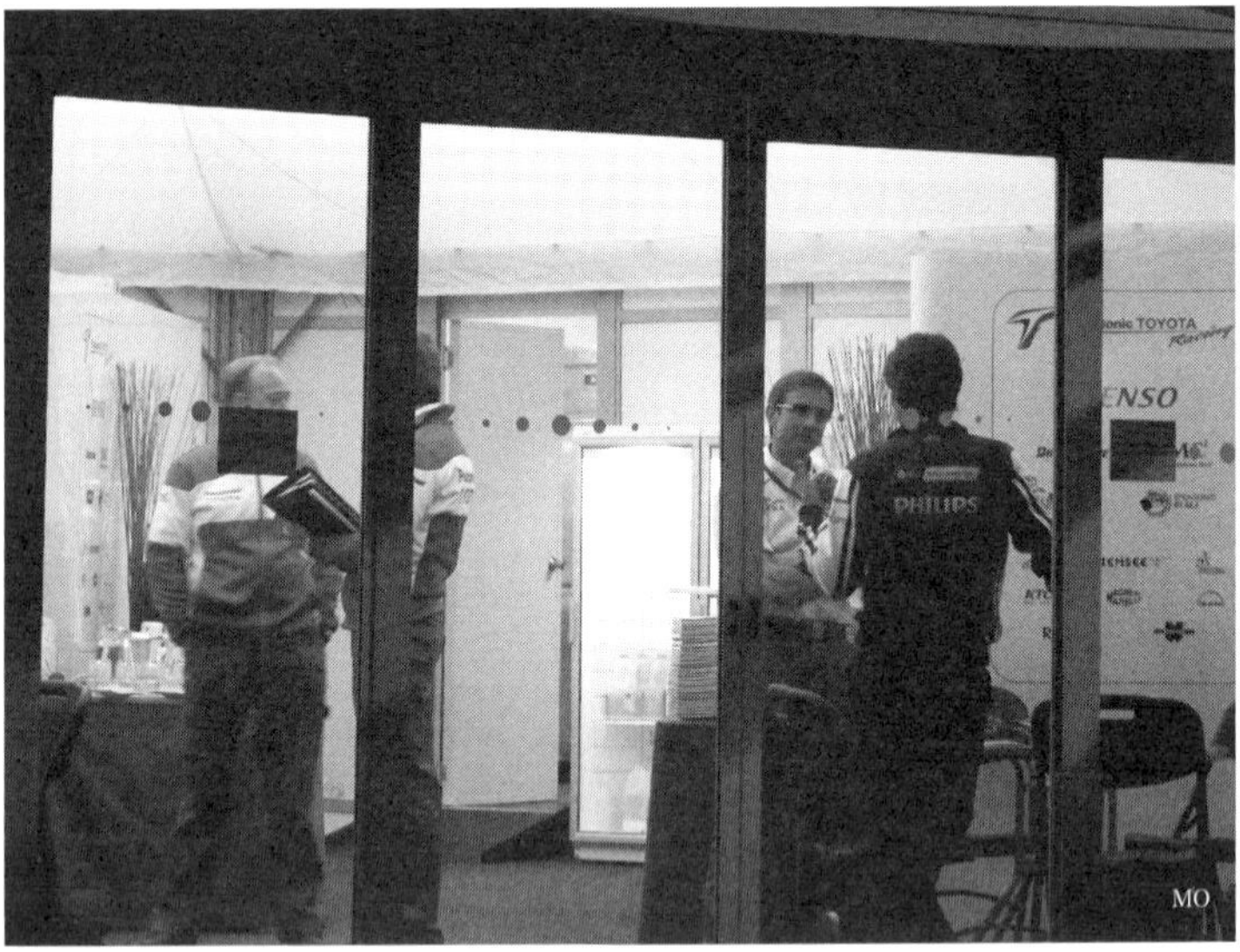

レース審議会の結果を待ち、深夜まで残るスタッフたち。

予選失格

レース審議委員会が3チームからの抗議を却下したことで、トヨタは自分たちが開発してきたオリジナルのディフューザーを搭載し、オーストラリアGPに臨むことになった。

注目のフリー走行初日は、抗議を受けたマルチディフューザー組が上位を占めた。初日トップはウィリアムズのニコ・ロズベルグ。ブロウンGPのルーベンス・バリケロが2番手につけ、トヨタはトゥルーリがトップからコンマ3秒差の3番手、チームメートのグロックはトゥルーリからコンマ1秒差の6番手とまずまずの出だしだった。

土曜日の予選前に行なわれたフリー走行3回目でもトゥルーリは2番手につけ、トヨタは順調にセッションを進めていた。だが、2時間後に始まった公式予選になると、それまでの走りは鳴りを潜め、最大のライバルと見ていたブロウンGP勢に大きく水を開けられてしまった。その差は予選が進むごとに広がり、トップ10のドライバーたちによって行なわれる最終予選では、トヨタの2人はブロウンGP勢だけでなく、レッドブル、BMWザウバー、ウィリアムズの3台にも割って入られ、グロックが6位、トゥルーリは8位に終わり、これに対してブロウンGPはフロントロウを独占した。

予選後のトヨタのガレージ裏には、さすがに重苦しい雰囲気が漂っていた。だが波乱の展開になることが少なくないオーストラリアGPでは、6番手と8番手というポジションは、まだ充分に優勝を狙えるスタート位置だ。トヨタにはまだ初優勝の可能性は残っている。

ところが予選終了後の車検のことだった。今度はトヨタの2台にリアウィングの違反が発覚した。2枚あるアッパーエレメントのうち、上段のフラップが変形することが指摘された。発覚したのは、車検委員が車重を計量した後、車検室からマシーンを出すときだった。スタッフのひとりがリアウィングを引っ張ろうとしたとき、上段のウィングがペコンと動いたのだ。スタッフからの指摘を受けて再車検が行なわれ、車検委員たちはリアウィングを念入りに調べた結果、レギュレーション違反との判断を下した。

この報告を聞いたトヨタのスタッフは愕然とした。確かに押すと少しへこむのは事実だった。これは2009年にレギュレーションが変更されてリアウィングの幅が狭くなったため、強度設計担当のエンジニアが、以前ほどフラップの強度は必要ないと判断し、強度を下げたことによって、フラップの中に空間が生まれたことに起因していた。レギュレーションでは、高速時にフラップを故意に「たわませて」空気抵抗を減らすことを禁じていたが、今回のウィングの設計変更にはそうした意図はなかった。事実、現在のF1では2枚あるリアウィングのフラップの隙間が変化しないよう、2枚を固定するように繋ぐセパレーターを装着させることが義務づけられているため、フラップ全体がたわむことはないからである。

しかし、アドバンテージを受けていないとはいえ、レギュレーションで禁止されている「空力パーツが変形する」という事実は曲げられず、トヨタはレース審議委員会の処分を受け入れるしかなかった。課せられた処分は「トヨタの2台を予選結果から除外する」という最悪の結果だった。処分を受けたトヨタは、直後にフラップの中に変形を防ぐように充填剤を注入して車検を通した。

こうして、トヨタにとっての開幕戦は、ピットレーンからスタートするというまったく想像もしていないポジションからの出走となった。

3度目の呼び出し

日曜日、サーキットへ向かうトヨタのスタッフたちの胸には、「補強したリアウィングでも、われわれは充分に速いということを披露しようじゃないか」との思いがあった。

ドライバーも同じだった。レース直前、山科から「本当に申し訳ない。ドライバーが頑張って得たポジションを、われわれのミスでこんなことになってしまって……」と謝罪を受けたトゥルーリは、「気にしないでほしい、ジョージ。今日、僕はジョージに表彰台をプレゼントするから」と笑顔で返答した。

MO

コース上のグリッドでなく、ピットレーンで出走の準備を行なう。

ピットレーンスタートとは、スターティンググリッドにいるすべてのクルマがストレートを通過していった後に、ピットレーンの出口からスタートを切ることだ。つまり、トゥルーリが表彰台に立つためには、最低でも16台のマシーンを追い抜かなければならないことになる。

だが、トゥルーリの言葉はリップサービスではなかった。彼は猛然と追撃を開始、終わってみれば3番手でフィニッシュを果たした。レース後、トヨタのガレージ裏はお祭りのような騒ぎとなっていた。表彰台に上がったときの恒例行事である集合写真の準備も整い、チームスタッフ全員がトゥルーリの帰りを待っていた。しかし、その輪の中にトゥルーリが収まることはなかった。トゥルーリはそのころレース審議委員会にチームマネージャーとともに呼び出されていたからだ。木曜日にディフューザーの件で、土曜日にはリアウィングの件、さらにこの週末で3度目になる呼び出しをレース審議委員会から受けたトヨタだったが、今回の呼び出しは、レース終盤のセイフティーカーラン中にトゥルーリがハミルトンを追い抜いたことだった。

今年からレギュレーションが改訂され、セイフティーカーラン中はFIAが定めた一定のペースで走行しなければならなくなっていた。そのペースはステアリング上の液晶画面に表示されるため、トゥルーリは最終コーナーに向かう直前に、そこに目をやり、ペースを確認したうえでコースに視線を戻した。ところが、その瞬間、西に傾いた太陽が目に入り、トゥルーリはブレーキングポイントを見失いコースアウトしたのである。これで労せずしてトゥルーリの前に出たハミルトンだったが、直後にハミルトンは自分がセイフティーカーラン中にトゥルーリを抜いたと勘違いし、トゥルーリにポジションを譲ろうとしてスローダウンしてトゥルーリを前に出したのだ。

ところが、マクラーレン陣営は、レース後に「セイフティーカーラン中にトゥルーリがハミルトンをオーバーテイクした」と抗議。レース審議委員会はマクラーレン側の主張を鵜呑みにして、表彰台に上がったトゥルーリにレース結果に25秒を加算するというペナルティを課したことで、3位から12位へと降格してしまった。

「アイム・ソーリー、ジョージ。僕が最終コーナーでオーバーランしてしまったために、こんなことになってしまって……」

うなだれてレースコントロール室から引き上げてきたトゥルーリだったが、この決定が誤りだと信じていた山科は、彼を責めはしなかった。そして4日後、レース審議委員会はマクラーレンのチームマネージャーとハミルトンの証言に偽りがあったとして、トゥルーリに課した「25秒ペナルティ」を取り消して3位に復活させ、ハミルトンを失格とした。

トヨタとトゥルーリの汚名は晴れた。しかし、この結果に安堵こそすれ、トヨタもトゥルーリも彼らの目標は優勝であったから、3位は満足できるものではなかった。

「序盤4戦がチャンス。今度こそ、優勝するぞ」

ピットレーンスタートから3位を獲得したオーストラリアGPを終え、山科の期待は高まるばかりだった。

第4章
勝利を逃したバーレーンの失策

消えたアドバンテージ

開幕前、木下は「序盤4戦が、トヨタにとって初優勝のチャンスだ」と語っていた。トヨタがライバルチームに対して持っているアドバンテージのひとつにトリプルディフューザーがあるが、いずれトップチームもこのアイディアを採用することは明らかで、ヨーロッパ・ラウンドに入れば、アドバンテージが徐々に小さくなる。したがってアドバンテージが大きなうちなら勝算があると考えたのだ。

しかし、開幕戦は、予選での予期せぬ失速と予選後の車検違反によって、ブロウンGPと戦うことができないまま終わった。続くマレーシアGPは絶妙なピット戦略によってグロックがトップのバトンとテール・トゥ・ノーズの戦いを演ずるも、直後に見舞われたスコールによってレースは赤旗中断。またもブロウンGPの後塵を拝する結果となった。さらに第3戦中国GPでは、予選6番手からスタートしたトゥルーリがレースで他車に追突されてリタイア。TF109のポテンシャルを出し切れないまま、序盤4戦のうち3戦が終了した。

3戦目の中国GPが開始される直前、国際控訴裁判所はマルチディフューザーを合法と判断した。オーストラリアGPでトヨタ、ブロウンGP、ウィリアムズのディフューザーに対して抗議していたフェラーリ、レッドブル、ルノーの3チームは、その後、オーストラリアでの合法との判定を不服として国際控訴裁判所に控訴。それに関する公聴会が4月14日に開かれ、国際控訴裁判所は控訴を棄却した。この判決はトヨタにとって有利に思われるが、実情は異なっていた。

公聴会では、フェラーリ、レッドブル、ルノーから出されていた「マルチディフューザーがなぜ合法であるか」という訴えに対して、反証資料を提出しなければならない。それは控訴審によって、どのようにすれば合法的にマルチディフューザーを作れるのかが明らかになることを示していた。まさに原告側が控訴した狙いはそこにあった。

これでライバルチームが同じようなディフューザーを開発してくることは時間の問題となった。すなわちこれはトヨタのアドバンテージが小さくなることを意味していた。裁判に勝ったものの、この決定を聞いたトヨタのスタッフに笑顔はなかった。控訴してきたチームに対して不快感だけが残っていた。

「長い時間と金をかけて開発してきたアイディアを裁判費用だけで手に入れるなんて……」

最大のチャンス

トヨタのスタッフが「優勝のチャンスがある」と予測していた序盤4戦の中で、もっとも可能性が高いと思われたのが、4月24日から開催されたバーレーンGPだ。トヨタは2008年12月と2009年2月に各2回、合計4回もバーレーンで新車のテストしていたからである。これに対して、最大のライバルと目されていたブロウンGPは、バーレーンではまったくテストをしていなかった。オーストラリア、マレーシア、中国の各グランプリでブロウンGPにつけられた差を、バーレーンではかなり縮めることができるだろうとトヨタ陣営は予測した。

グランプリへ出発する前、トヨタがTMGで立てた戦略は以下のようなものだった。

「開幕3戦のブロウンGPの速さを見れば、予選で彼らを前に出してしまったら逆転するのは難しい。とにかく予選でポールポジションを取って、先行逃げ切りを図ろう」

2009年の予選方式では、3回目の予選に進出した10台はスタート時に搭載する燃料を積んだ状態でタイムアタックしなければならない。もちろん、空いたタンクなら速く走ることはできるが、それではレースが始まってすぐにピットインしなければならず、勝負になららない。大切なことは、ポールポジションを取るために必要最低限の燃料をどれくらいに見積もるかという点だ。そこで重要になってくるのが、予選前に行なわれるフリー走行3回目でのスピードである。

そのフリー走行3回目では、グロックがトップタイムをマークし、トゥルーリはコンマ7秒遅い、9位に終わった。トヨタのふたりのこの予選タイムはその後、勝敗の大きな分かれ目となる。フリー走行3回目が終了した直後、トヨタのエンジニアリングルームでは予選に向けた作戦会議が開かれた。意見はふたつに分かれた。木下は次のような提案を行なった。

「2台で戦略を変えよう。1台は軽くして、もう1台は通常の2ストップができる燃料にするのがいいと思う」

これに対して、山科をはじめ、バセロンら多くのエンジニアは「2台とも軽くして、確実にポールポジションを取ろうじゃないか」と、何が何でもポールポジションを獲りに行く作戦を推した。

エンジニアがそう考えた訳は、ふたりのドライバーの予選パフォーマンスに波があったためだ。フリー走行3回でトップタイムを出したグロックは、予選になるとたびたびミスを犯していたので、彼だけが燃料を軽くしてポールポジションを狙いに行っても、予選でミスしてポールポジションを取り逃す不安があった。だから2台ともポールポジションを狙いに行く判断は間違いではなかった。問題は、レースの作戦を見据え、最後のアタックにどれだけの燃料を積んで送り出すかにある。エンジニアたちは、3ストップを視野に入れ、グロックに11周分、トゥルーリに12周分の燃料を搭載することに決めた。

事実誤認

午後2時。予選1回目が開始されると、トゥルーリがいきなり2番手のタイムをマーク。予選2回目に入ると、グロックもトゥルーリと遜色のないスピードを披露して、トヨタ勢が2番手と3番手につけた。

それでも、開幕3戦の予選でなかなか本来の力を発揮できていなかったエンジニアたちの脳裏には、開幕3戦でポールポジションを狙いに行きながら取れなかったという苦い経験が残っていた。そこで予選3回目も当初の予定通り、11周分と12周分の燃料のままで臨んだ。

ところが、2台は最後のアタックでエンジニアの予想を上回るスーパーラップを披露し、フロントロウを独占してしまった。予選2位のグロックは3位のフェッテルにコンマ3秒の差をつけ、ポールポジションのトゥルーリに至ってはコンマ5秒以上の大差をつけたのだ。予選直後のパルクフェルメで喜ぶ2人のドライバーたち。トヨタのエンジニアたちはそれを複雑な表情で見ていた。これだけ3番手以下に差をつけることができたのなら、もっと多くの燃料を搭載できたからだ。

とはいえ、特にグロックよりも1周分多い燃料を搭載してポールポジションからスタートできるトゥルーリには、3ストップ作戦を完璧に遂行すれば優勝の可能性は残されている。そのための必須条件は、スタート直後の1コーナーをトップのまま通過することだった。

参戦8年目にして、チーム初のフロントロウを独占してスタートするトヨタには緊張感が漂っていた。そして、この緊張感が思わぬトラブルを引き起こす。フォーメーションラップを終えて、トゥルーリがポールポジションの位置に収まり、全車がグリッドに着いた。

スタートの瞬間はだれでも緊張するが、トヨタの初優勝を意識したトゥルーリはさらに緊張が高まっていた。いつもよりも数秒早く、スタート前のウェイトフェーズに入り、トゥルーリの右足はアクセルペダルを踏み込み、エンジン回転が1万5000まで上がっていった。

ウェイトフェーズは無負荷状態なので、燃焼ガスをシールしているピストンリングにかかる燃焼圧が小さく、ブローバイガス（未燃焼混合ガス＝生ガス）の量が大幅に増加する。このブローバイガスはF1といえども吸気系に戻して再燃焼し、大気を汚さないようにしている。問題は、ブローバイガスが多いとエンジン・オイルも一緒に持ち去られてしまうのだ。ブローバイで持ち去られたオイルを一時的に溜めるオイル室を持っているのだが、トゥルー

表彰台獲得のときに恒例となっている集合写真。木下の姿は写っていない。

リの踏み込みのタイミングが早すぎたために、そのキャパシティを上回り、あふれたオイルが吸気系に入ってしまった。

スタート時の白煙は、このあふれたオイルが吸気系を通じて燃焼室で燃えた結果だった。白煙を吐いた瞬間、トルクは落ち込み、この結果、2番手からスタートしたグロックに先を越されてしまったのだ。トヨタには、20台のクルマのラップタイムをコンピュータが自動的に計算して、レースがどのように展開するかを瞬時にグラフ化するラップタイム・アナリシスというソフトがある。その計算では、スタート直後のペースの遅さから、燃料が一番軽いグロックに優勝の見込みはないことが明らかになっていた。

一方のトゥルーリはどうか。トゥルーリが優勝するチャンスは1回目のピットストップ後、7番手のライコネンの前でコースに復帰することだが、ペースが遅いグロックに付き合ってしまったために、1回目のピットストップまでに必要なマージンを築くことができないでいた。ここで、チームのストラテジー・エンジニアからの指示で、ピットはトゥルーリの作戦を3ストップから2ストップに変更、第2スティントが長くなるため、タイヤもスーパーソフトからミディアムとした。

その後、ミディアムタイヤに変更したトゥルーリのペースが落ちたため、タイヤの選択ミスが勝敗を分けたように見えたが、実際はそうではなかった。ライコネンの前で復帰できないために3ストップから2ストップに作戦を変更した時点で、トヨタの初優勝の夢は消えていたのである。

優勝する最大のチャンスを生かすことができず、3位に入賞するも、トヨタのエンジニアたちに笑顔はなかった。特に怒りを露わにしていたのが木下だった。表彰台を獲得したときに行なわれるレース後の集合写真さえ拒否したが、それは彼のレース人生でも初めてのことだ。それほど木下の腹の虫はおさまらなかった。

優勝の条件

木下の怒りの訳はふたつあった。ひとつは前日のフリー走行3回目でのトゥルーリの走りである。もし彼がフリー走行3回目で、もう少し予選に近いペースで走ってくれていれば、予選ではもう少し燃料を多く搭載することができ、レースを楽に進めることができていたはずだ。

予選タイムで3番手以下とコンマ5秒以上の差があったことを考えれば、あと10kg多く燃料を搭載してもポールポジションを維持し、かつ1回目のピットストップは14周目に延ばすことができた。そうなっていれば、トゥルーリは常にバトンの前でレースを続けることができ、2ストップ作戦で優勝できていた（グラフ1）。

もうひとつ納得がいかなかったのは、バセロンが下した1回目のピットストップ時のミディアムタイヤ選択だった。レース後、木下はバセロンに選択の理由を説明させた。バセロンはさまざまな資料を見せて反論した。

「あの状況では、たとえスーパーソフトのままで第2スティントを走っていても、ライコネンの後ろでは勝ち目はなかった」

確かにバセロンの説明は正しかった。レース後、トヨタはTMGに戻ってさまざまなシミュレーションを検証したが、12周目にピットインしたトゥルーリがライコネンの後ろでコースに復帰した時点で、どちらのタイヤを装着しても優勝することはできなかった（グラフ2）。

しかし、木下は「それだから、勝てない」と意見を異にした。なぜなら、グラフ1の折れ線が示すデータは、第2スティントはスーパーソフトを履いた時のものだからだ。確かに、12周目にライコネンの後ろでコースに復帰した時点で、トゥルーリが優勝する芽はなくなっていたかもしれない。だが、そのライコネンがコースアウトするなどして、12周目にトゥルーリにチャンスが再び巡ってくる可能性も考えられ、そのとき勝つためのタイヤ選択は、ミディアムではなく、スーパーソフトだというのが木下の考えだった。バセロンの説明は負けないための言い訳にすぎず、何が何でも勝ちにいくための戦略ではなかったというのが、木下の主張だった。

もうひとり、バーレーンGPの結果を悔しがっていたのが、エンジン担当シニアゼネラルマネージャーの竹内一雄だった。もし、トゥルーリが先頭で1コーナーを通過し、後続を引き離して、1回目のピットストップ後にライコネンの前で復帰していれば、トヨタは3ストップを遂行することができ、ポール・トゥ・フィニッシュを飾って初優勝していたからだ（グラフ3）。スタートでトゥルーリがグロックに遅れた差は、わずかにコンマ1秒（時速0→100mのタイムでは、グロックの2・8秒に対して、トゥルーリは2・9秒）。もし、トゥルーリのスロットルを踏むタイミングが正常であったら、エンジンオイルが吸気系を通じて燃焼室に入って失速することはなかった。

しかし竹内の怒りは、トゥルーリではなく、自分に向けられていた。

「確かにトゥルーリの踏み込むタイミングは早かった。でも、優勝が狙えるポールポジションからスタートするのだから、ドライバーが気持ちを高ぶらせて少し早くスロットルを踏むことを予測して、エンジンの制御をしてやることもわれわれの仕事です。7年間、一度も出なかった問題が緊張したこの瞬間に出てしまった。つまり、私たちは優勝するための最後の詰めがまだ甘かったということです」

後日、8年間のトヨタF1を振り返った竹内は、もっとも悔しいレースとして2009年

郵便はがき

料金受取人払郵便

本郷支店承認

2523

差出有効期間
平成24年1月
31日まで

113-8790

348

(受取人)

東京都文京区本駒込6-2-1

株式会社 二玄社

営業部 行

お名前	フリガナ	男・女	年齢
ご住所	〒□□□-□□□□ 都道府県	e-mail	
電話	- -	FAX - -	

※お客様の個人情報は、小社での商品企画の参考、あるいはお客様への商品情報のご案内以外の目的には使用いたしません。
今後、上記のご案内が不要の場合は、□の中に✓をご記入ください。 □

二玄社読者カード

ご購読ありがとうございました。今後の出版物のご案内、あるいは出版企画の参考にしたいと存じます。ご記入のうえご投函いただきますよう、お願い致します。

ご購入書籍名

●本書の刊行を何によってお知りになりましたか

1. 新聞広告（紙名　　　　　　　　）　2. 雑誌広告（誌名　　　　　　　　）

3. 書評、新刊紹介（掲載紙誌名　　　　　　　　）

4. 書店　5. 知人の推薦　6. ニューズレター　7. 図書目録

8. その他（　　　　　　　　）

●本書の内容／デザインなどについてご感想をお聞かせください

●ご希望の著者／企画／テーマなどをお聞かせください

●本書をお求めになられた書店名

職業		購読新聞		購読雑誌	

グラフ１

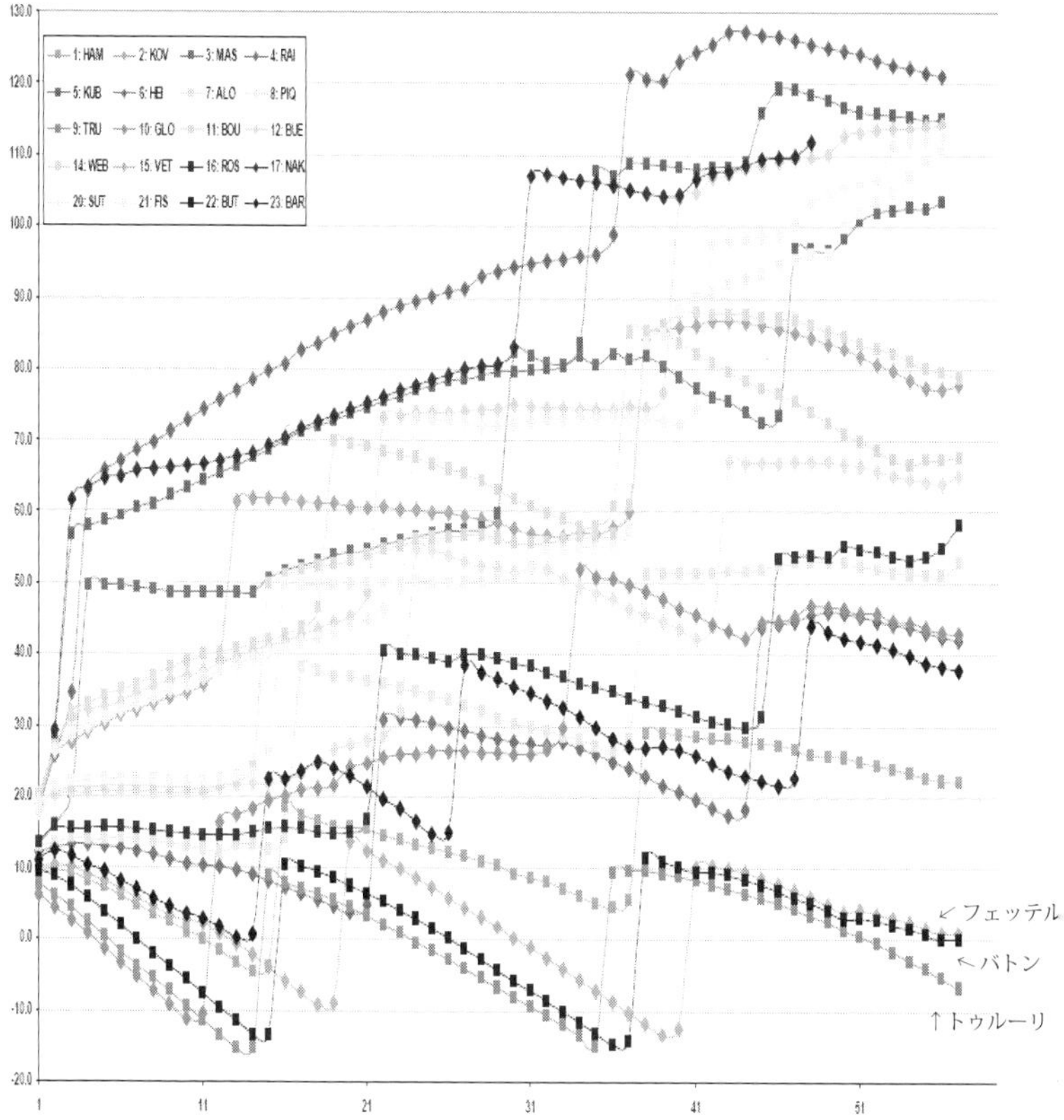

各ドライバーのごとのシミュレーション・グラフ。横軸は周回数、縦軸がタイム差を示す。したがって下にいる方が順位が上になり、最も下が１位。シミュレーション上ではバトンより先にトゥルーリがゴールできることがわかる。（資料提供：トヨタ）

グラフ2

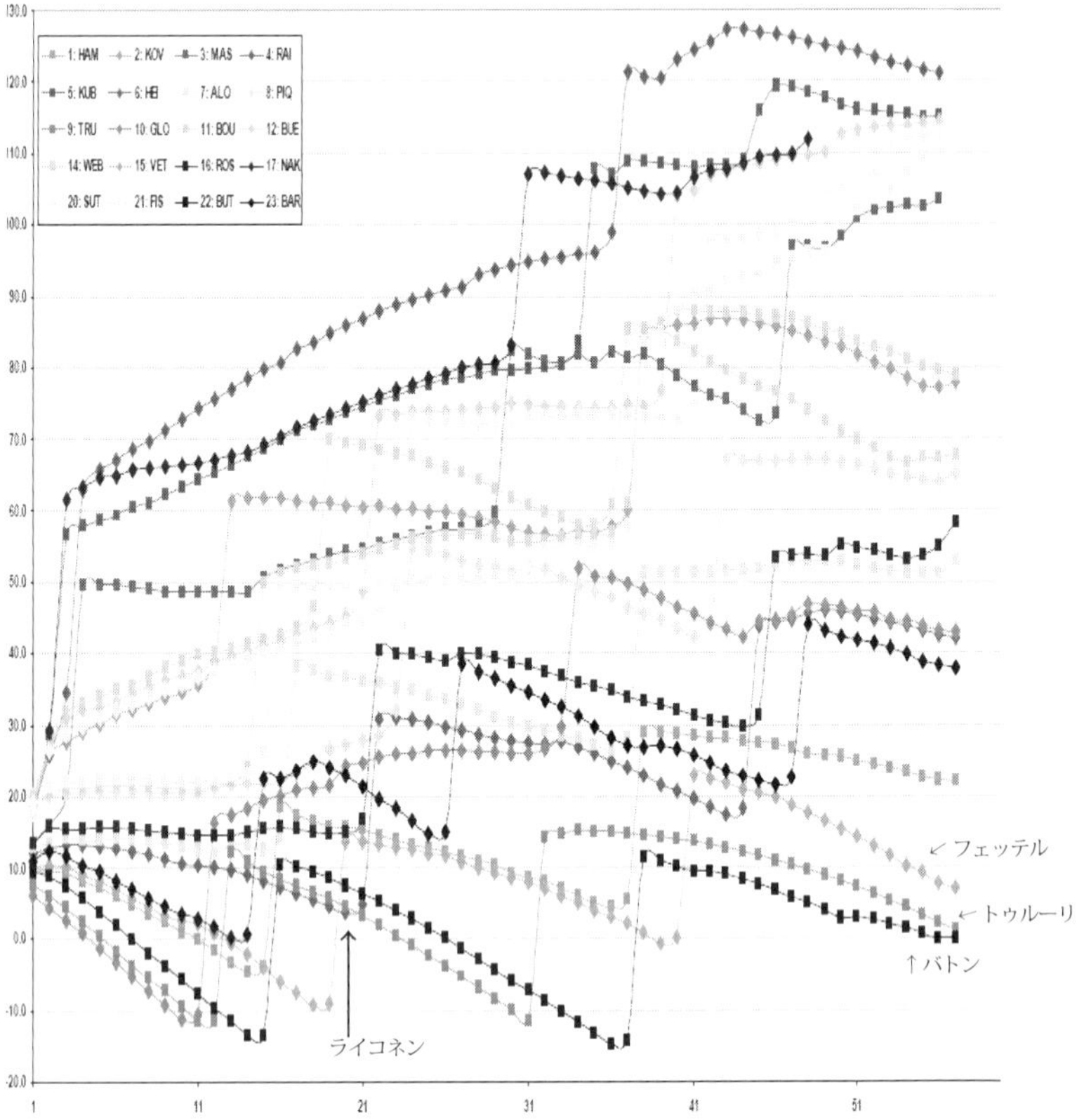

2ストップ作戦では、第2スティントでトゥルーリがライコネンの後ろに入ってしまうと、どのタイヤでも優勝できない。

グラフ3

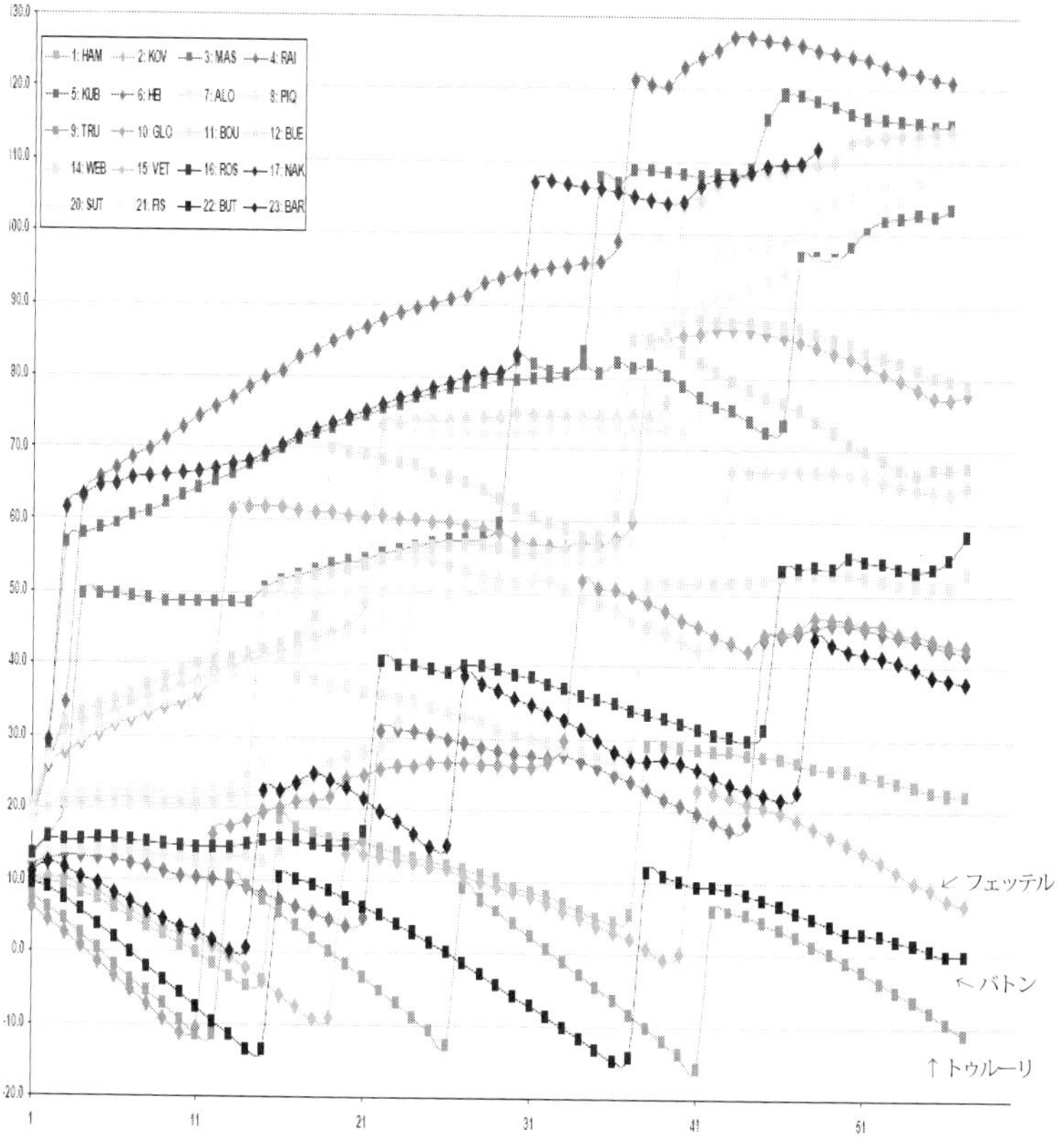

3ストップ作戦を遂行できれば、トゥルーリが優勝できる可能性があった。

のバーレーンGPを挙げた。それはもちろんトヨタにとって優勝する最大のチャンスだったからにほかならない。この好機を逃したトヨタはその後、運に見放されたように、ちぐはぐなレースが続いた。

しかしそんなトヨタF1のスタッフたちを待っていたのは、優勝争いよりもさらに厳しい状況だった。F1活動を継続するための生き残りを賭けた戦いだったのである。

第5章
不協和音

MO

FIA対FOTA

ホンダがF1から撤退し、トヨタのF1活動も危機に直面した2008年の年末から半年後の2009年6月末。F1を統括している連盟（FIA）と、F1に参加しているチームの間に起こった対立は、解決の糸口が見つからず、悪化の一途を辿っていた。

毎年のように変更されるレギュレーションにチーム側が辟易していたことが、対立の発端となっていた。例えばエンジンでは、仕様変更は2006年に行なわれ、3・0ℓV型10気筒から、2・4ℓV型8気筒になった。それ以降は変更されていないかのように思われがちだが、実はそうではない。FIAは安全性、速度抑制、予算制限などを名目に、チームに対して「開発を3年間フリーズ（凍結）するように」と言ったと思えば、「4気筒のターボにしてみたらどうだろう」と言い、さらに今度は「10年間フリーズ」と言い、「やっぱり6気筒ターボにする」などと、次々と提案してきたのである。ひどいときは1年間に5回もその内容が変わったほどで、まさに迷走状態だった。

こうなった要因のひとつに、インターナショナルスポーツコードの前文に記されていた「F1に限っては、レギュレーション変更は2年間の猶予をもって施行する」という一文が、いつの間にかFIAによって消されてしまったことが考えられる。さらに、FIAとFOM（フォーミュラ・ワン・マネージメント、F1の興行を統括する）、そして全チームの全会一致で決定する「コンコルド協定」が、2006年から失効していたことも混乱の一因となっていた。

それにもかかわらず、FIAは「コストキャップ（予算制限制）にチーム側がなかなか同意しない」と、チーム側、とりわけ自動車メーカー系のチームを非難した。一方、チーム側には、レギュレーションの変更こそコストアップの主原因ではないかという思いがあった。例えば2009年に導入されたKERSについても、トヨタなどいくつかのチームは反対した。しかし導入を急ぐFIAにいくつかのチームが振り回された結果、導入が決まったという経緯がある。トヨタは二桁億円に近い金額を投入してKERSを開発したものの実戦投入を断念。ほかにも約100億円もの巨額な開発費を投じ、成績にほとんど貢献できなかったことで、シーズン途中で放棄を決めたチームもあった。そして結果的には、2010年ほどのチームも使用しないこととなった。

シルバーストーンの長い夜

このFIAの暴走に対して、チーム側が一致団結して対抗するため2008年に結成したのがFOTA（Formula One Teams Association）だった。チーム側の怒りがついに臨界点に達した2009年6月18日木曜日のイギリスGP前日、FOTAは行動を起こすべく、各チームの代表や主要メンバーが話し合いのために参集した。

トヨタからはTMG社長のジョン・ハウエットと、株主総会出席のため日本に一時帰国していた山科の代わりに、TMG副社長の木下美明が出席した。

会議は冒頭から、ほとんどのチームが「FIAと袂を分かち、新シリーズを立ち上げる」との意見で一致していた。だが、FIAから離脱することに二の足を踏んでいたチームもあった。トヨタの初優勝の前に立ちはだかっていたブロウンGPである。ブロウンGPはホンダの援助もあってなんとか09年の参戦に漕ぎ着けたものの、大口のスポンサーが見つからずにチーム運営が厳しい状況にあった。もし、現時点でFIAに反旗を翻してF1から離脱すれば、来年FOMからの分配金が入らないことになる。

ロス・ブロウン代表はライバルチームの代表らに、「新シリーズ立ち上げの同意書にサインしたいのだが、ここでサインすると20ミリオンドル（約18億円）の予算がショートする。申し訳ない……」と告げた。

こうした状況はブロウンGPばかりではなかった。ウィリアムズはFOTAのメンバーでありながら、この日の会議には出席していなかった。なぜならウィリアムズはここ数年、資金難に苦しみ、FOMから分配金の一部を前借りしていたため、FIAが統括するF1世界選手権から脱退することなど選択肢としてあり得なかった。ほかのチームに対して抜け駆けするかのようにFIA、FOMと2012年までの参戦契約まで締結していたからだ。この行為に対して、FOTAはウィリアムズに一時的に活動停止の通達を出していた。

会議は深夜にまで及んだ。

「ここでFOTAが結束しなければ、F1は改革できない」と発言したのは木下だった。「ブロウンGPの20ミリオンをここにいる8チームで負担したらどうか」。ほかのチームからの同意を得た木下は、8チームで負担した場合の金額が書かれた誓約書を作ると、真っ先にサインした。「もし、今回の騒動がもとで手に入るはずの20ミリオンを手にすることができなかったら、私たちみんなで補償します」と。

開始から約5時間を経た深夜1時すぎ、ようやく会議が終わった。彼らが下した決断は、新しいシリーズの立ち上げだった。そして、集まったチームの首脳陣たちは新しい門出に乾

上：TMG副社長の木下美明。

下：ブロウンGP代表ロス・ブロウン。

杯しようと、シャンパンの杯を交わした。

こうして、シルバーストーンを舞台に、ウィリアムズを除く全チームがＦ１からの離脱を発表するという異常事態のなか、最後となるかもしれないＦ１イギリスＧＰが開幕した。しかし、ＦＯＴＡが真剣にＦ１からの離脱を希望していたわけではないことは、だれの目にも明らかだった。この日、急遽会見を開いた木下は「われわれは、なにも新しいシリーズを立ち上げることが最高の選択だとは思っていません。少なくともわれわれトヨタはアメリカでシリーズが分裂した経験を味わっていて、分裂したシリーズがどのような末路に至ったかを知っています。だから、もしＦＩＡがわれわれの主張を理解してくれれば、まだ一緒にやっていける道は残されています」と語った。

ＦＩＡ側にとっても状況は同じだった。たとえ「Ｆ１」という名前を残すことができたとしても、そこにフェラーリもマクラーレンも名を連ねていなければ、価値は大きく下がってしまう。さらに、この時点でほとんどのドライバーがＦＯＴＡ側を支持しており、分裂すればスター選手は皆、Ｆ１から去ってしまう。分裂の事態だけはどうしても避けたかった。

ＦＯＴＡの一致団結した強硬姿勢が実を結び、その後ＦＩＡ側が歩み寄りを見せて、Ｆ１は分裂という最悪の事態は避けられることとなった。

ようやく、Ｆ１に民主主義と平和が戻った。これでトヨタもＦ１活動を継続できる環境が整ったはずだったが、息つく間もなく、本社との本格的な戦いが待っていた。

第6章
新社長就任

大政奉還

２００９年６月23日に開かれたトヨタ自動車の定時株主総会で、新しい社長に豊田章男が正式に就任。「コスト削減を行ないながらもＦ１は続けていく」と苦境のなか、２００９年のＦ１活動継続を決定した渡辺は副会長となった。

渡辺がＦ１活動継続を決定した後もトヨタの経営状況はなかなか好転せず、同年５月８日に発表された平成21年３月期の連結業績（２００８年４月１日から09年３月31日）によれば、営業利益は２兆２７０３億円の黒字から４６１０億円の赤字に転落。１年の間に２兆７３１３億円も減収するという、異常な事態であった。トヨタ自動車が営業赤字を出したのは、公表データのある１９４１年３月期以来、初めてのことだった。６年連続で過去最高益を更新し、日本企業として初の２兆円の大台を突破した２００８年３月期から一転、創業以来、初めて味わう赤字にトヨタの社員はみな戦々恐々となった。

そんな状況のなか、トヨタ自動車の第11代社長に就いたのが、豊田章男だった。豊田グループの創始者である豊田佐吉を曾祖父に持つサラブレッドであり、1992年に章一郎が社長の座を降りて以来、17年ぶりにトヨタの社長が本家へ「大政奉還」されるという歴史的な転換であった。

6月23日、豊田章男新社長は就任挨拶のなかで「まさに嵐の中の船出であると感じております」との言葉を用いて、会社が置かれた厳しい状況を表現し、トヨタ全社員が一致団結してこの難局を乗り切り、一刻も早い黒字回復への決意を明らかに宣言した。

新社長は自らもレースに参加するほど、モータースポーツに造詣が深く、F1というスポーツ文化活動を継続することが大切であることはよく承知していたし、トヨタのF1活動が8年目にして優勝を狙えるレベルに達していることも感じ取っていた。

だが、社長に就任して会社の舵を取るようになれば、トヨタのモータースポーツに取り組む方針に変化が表れることは明白だった。おりしも豊田社長就任の前に、すでにF1撤退を表明したホンダが、平成21年3月期の業績で189億円の営業利益を上げ、黒字に転じたことを発表していた。

トヨタのF1活動に携わっていただれもが、豊田新社長が黒字化を目指してどんな一手を下すのか注目していた。

撤退への方向転換

社長が交代して間もなく、トヨタがF1活動を継続させるか否かの議論が始まり、経営陣たちの考えは「撤退の方向」に集約されていった。しかし、この意向に対して、TMG副社長の木下は異議を唱えた。

木下の中にも「本社が撤退という決断を下すのではないか」という予測はあった。山科から、2009年の活動ですら、2008年の年末に何度も見直しを図ってようやく実現に辿り着いたという経緯を聞いていれば、それは当然のことだ。しかし8年をかけて、ようやくトップチームと互角に戦うことができるようになったプロジェクトをいま畳んでしまうのは、チームのトップに立つ人間の一人としてあまりにも忍びないと思った。

「会社の経営判断は理解できる。しかし、いまここで自分が会社の決定をそのまま受け入れて、このプロジェクトを潰したら、自分は一生後悔するだろう」

木下は会社を辞する覚悟で異議を唱えた。実は、木下が会社を辞めてもいいと思ったのはこれが3度目のことだった。

モータースポーツ一筋

木下がモータースポーツに興味を持ったのは中学生のときだった。九州大学在学中には自動車部に入り、ラリー活動に捧げる毎日だった。ラリー以外では、大学対抗の自動車技術選手権で良い成績を収めるため、クルマについて徹底的に勉強した。

「真剣にクルマのことを学ぶには、本を読んでいるだけでは限界がある」と、学校を休んで近所のトヨタ・ディーラーで整備のアルバイトをして学ぶほどだった。

卒業後は自動車会社への就職を志望していたが、ほとんど大学にも行かなかった。だが、それでは就職などおぼつかないと担当教授から叱咤されて以後は、教授が自動車部の顧問だったことから内燃機関の勉強に励み、教授の薦めでトヨタ自動車に就職を果たした。

入社後はトヨタ・オートスポーツ・クラブに入会し、ラリー出場を再開した。木下にとってレースは人生そのものであり、トヨタのモータースポーツ部で仕事をすることを志願していた。しかし、木下が最初に配属された部署は、カローラなどを製造している愛知県豊田市にある高岡工場の品質管理部だった。それでも、いつかはモータースポーツ部へ異動できたときに役立つと信じ、畑違いの仕事に打ち込んだ。ところが何年経っても配置転換されず、木下は辞表を書くに至った。

「モータースポーツができないのなら、ここにいてもしょうがありません。九州へ帰って、山の中を走ります」という木下に、上司は辞表を捨てながら、「俺もレースをやっていたから、わかるよ。いいよなあ、レースは」と口を開いた。

木下の上司も九州大学の自動車部出身あり、トヨタではオベ・アンダーソンと組んでラリーを戦ったこともあるラリーストでもあったから、後輩の気持ちは痛いほどわかっていた。そして、木下をモータースポーツ部へ異動させるよう奔走してくれた。当時、本社の技術部門を経験せずに、工場勤務からいきなり東富士研究所のモータースポーツ部へ異動することは異例中の異例の人事だった。木下は「いい上司に恵まれました」と、いまもその上司の恩を忘れることはない。

MBOのカウンターオファー

アメリカのCARTプロジェクトで成功を収めて帰国した木下は、F1参戦3年目の2004年にモータースポーツ部の部長として、念願だったF1活動に携わることとなった。ところが、この年のトヨタF1は大不振で、予選でトップから1秒離されることは珍しくなく、レースでは周回遅れの常連だった。そこで木下はTMGをテコ入れしようとTMG

の副社長兼任となり、F1活動に直接関わった。そしてクルマの開発方針を大きく変えて、2005年シーズンに臨んだ。

開幕戦オーストラリアGPへ向かう飛行機の中で、「もし、今年のクルマが遅かったら、会社を辞めよう」と誓った。2度目の覚悟だった。

果たして、2005年シーズンのトヨタは4年目して初めて表彰台に立つなど、大躍進のシーズンとなった。木下はその後、2006年限りで本社のモータースポーツ部部長の職を離れ、ドイツに駐在してTMG副社長に専任している。

その木下が、愛するトヨタを辞めようと3度目の決意をしたのが2009年7月だった。

「本社が撤退の方向へ舵を取ることはわかっていたし、ただ『撤退したくない』と言っても会社は相手にしてくれるはずがない」

そう考えた木下は、経営陣の納得を得られるF1活動の継続方法を探っていた。さまざまな案の中から木下が選択した案は、会社の経営陣が自らの会社（株式）を買い取るマネージメント・バイアウト（MBO）だった。この方法を用いてチームの解散を免れ、F1活動を続けたのがブロウンGPだった。2008年末にF1からの撤退を表明したホンダはチームの買収を名乗り出る企業を探していたが、結果的に手を挙げる企業が出てこなかったため、チーム代表のロス・ブロウンにチームの株を譲った。厳密には、ブロウンはチーム代表ではあったが、2008年当時には経営陣ではなかったから、MBOとは呼べないが、似たような形であったといえよう。TMGの副社長だった木下が掲げた提案は、まさにMBOだった。

無一文の覚悟

木下は、TMG社長のジョン・ハウエットに自らのMBO計画を相談すると、ハウエットもこれに賛同、TMGの社長と副社長がトヨタからTMGを買収する意志を確認し合った。しかし、これを遂行するには木下とハウエットがトヨタを退社しなければならない。木下が1979年入社で30年間にわたってトヨタ一筋なら、4歳年上のハウエットもまた、1977年にTMGの前身であるトヨタ・チーム・ヨーロッパでオベ・アンダーソンとともにトヨタのラリー活動に従事し、1980年代から90年代にかけてはヨーロッパにあるトヨタ市販車部門でマーケティング活動などを行なってきた、生粋の「トヨタマン」だった。

ふたりをよく知る盟友たちは「そこまでしなくても……」と、行く末を案じた。最も肝心な点は資金だった。木下たちがMBOを行なうためには、株式の買収資金を自分たちで用意する必要があった。風洞施設など最新の機材がそろっているTMGの資産価値は、軽く見積もっても数百億円はある。それを買収するには、このプロジェクトに賛同してくれる大口のスポンサーを見つけるか、インベスター（投資会社）と手を組むしかない。ベネトンやフェラーリで成功を収めたロス・ブロウンのようなＦ１界のビッグネームでもなかなかスポンサーが集まらない現実を前に、木下とハウエットが苦境に立たされることは目に見えていた。

さらに、たとえＭＢＯに成功しても、株式の上場はできないため、中長期的な資金の調達の選択肢が狭くなる。木下の試算では、ＭＢＯが成功した場合、現在のスタッフを半分に減らして予算を切り詰めても、資金的には3年しか継続できる保証はなかった。つまり最悪の場合、４年後には４００人のスタッフが路頭に迷い、木下とハウエットは無一文になる可能性があった。

そうしたリスクを背負っても、木下とハウエットはＭＢＯに向けて動き出した。トヨタにとって悲願となる初優勝を賭けて組織を牽引してきた2人は、同時に組織の命運を担った戦いも始めた。

第7章
撤退からＭＢＯへ

MO

不完全燃焼

木下がＭＢＯに向けた準備を始めているころ、チームはなかなか結果が残せない不完全燃焼のレースが続いていた。

フロントロウからスタートしながら優勝を逃した第４戦バーレーンＧＰ後、Ｆ１はアジア・オセアニア・ラウンドを終え、ヨーロッパ・ラウンドに突入した。しかし、５月の第５戦スペインＧＰで無得点に終わると、以降、スペイン・バレンシアで行なわれた８月の第11戦ヨーロッパＧＰまで、トヨタは表彰台にも上がることができないという、予想だにしなかった結果が続く。

予選で19位と20位に終わった第６戦モナコＧＰは、マシーンの空力パッケージの準備不足が敗因だった。一般道を利用した公道コースを使うモナコＧＰでは、平均スピードが約１５０㎞／ｈと他のグランプリよりも低いため、空力パッケージはモナコ専用の特別なものが必要となる。

レース中の平均時速が160㎞に満たないサーキットは、モナコと同じ市街地コースのシンガポールぐらいなものだ。「ミッキーマウス・サーキット」とか、「ガードレールのないモナコ」と表されるハンガロリンク（ハンガリー）ですら、平均速度は時速180㎞以上で、それ以外はみな平均時速が190㎞以上となり、あとの6つのサーキットは平均時速が200㎞以上である。すなわち、モナコだけしか使えない空力パッケージの開発が不可欠であった。

2009年には、空力に関するレギュレーションが大きく変更されたことで、トヨタ開発陣は、「モナコ仕様の空力パッケージを準備するよりも、ほかのサーキットに向けた空力を開発したほうが効率がいい」という決断を下した。これに対してライバルチームはモナコ・パッケージを用意したので、必然的にトヨタF1は遅くなった。

モナコ以外では、マシーンのパフォーマンスで大きくライバルより劣っていたわけではなかったが、表彰台に上がることができなかった。予選ポジションが良いときに限って、レースではスタートで出遅れるミスが起きた。また予選で中団に埋もれたときには絶好のスタートを決めるものの、なかなか結果に結びつかないグランプリが続いた。そしてこのころトヨタの首脳陣たちは、結果が出ない要因のひとつにドライバーの力の差を感じていた。

「ミハエル・シューマッハーを買わないか？」

２００２年にＦ１に新規参入したトヨタＦ１の最初のドライバーに選ばれたのはミカ・サロとアラン・マクニッシュだった。この布陣は1年で見直され、２００３年と04年は、オリビエ・パニスとクリスチアーノ・ダ・マッタがステアリングを握った（04年の後半はダ・マッタに代わってリカルド・ゾンタとトゥルーリも出場）。威信を懸けた２００５年はトゥルーリとラルフ・シューマッハーを獲得。トゥルーリとはその後２００９年までパートナーシップを結び、２００８年からラルフ・シューマッハーの代わりにグロックを加入させた。

トヨタのドライバー選びにはひとつの傾向があった。それは、Ｆ１経験者はみな30歳以上のベテランで、それ以外はトヨタが初めてのＦ１という新人ばかりということだ。サロは35歳、パニスは36歳、トゥルーリは30歳、Ｒ・シューマッハーは加入したとき29歳だったが、その年に30歳を迎えた。

マクニッシュにはル・マンの経験はあったが、Ｆ１は初めて。２００２年のＣＡＲＴ王者であるダ・マッタは、Ｆ１はおろかヨーロッパでのレース経験が皆無であった。２００７年ＧＰ２王者のグロックは２００４年にジョーダンでＦ１を経験していたものの、その後どのチームからも誘いを受けず、アメリカへ渡ってチャンプカーに参戦してからＦ１に戻ってきた。

近年のＦ１において、チャンピオンを獲得したり、またはタイトル争いをするようなドライバーは、みな20歳代となった。30歳を過ぎて他チームへ移籍して、何勝もするようなドライバーは、１９９３年に38歳でウィリアムズへ移ってチャンピオンになったアラン・プロストが最後。また一方で、新人では優勝を経験していないチームにルーキードライバーが加わり、デビューイヤーに優勝するというケースは近年にはまったくない。

もちろん、トヨタがこうしたドライバーを選んだ背景には、希望していたドライバーとの交渉がまとまらず、結果的に第２候補や第３候補を起用しなければならなかったという事情もあっただろう。しかしいずれにしても、勝利を知らないチームが初めて優勝を目指すという難題をクリアするには、トヨタが選択してきたドライバーではやや力不足だったことは否めない。もちろん、優勝できなかったことをドライバーの責任にしようとしているのではない。責任はそういう選択を行なってきたトヨタにある。

そんなトヨタにも過去に2度、トップドライバーと接触するチャンスがあった。最初はラルフ・シューマッハーの兄、ミハエル・シューマッハーである。いわずと知れた7度王者に輝いたＦ１界の皇帝だ。だが、この交渉はミハエルと直接行なったものではなかった。

交渉の仲介役として名乗り出たのは、F1界の首領、バーニー・エクレストンであった。2003年から04年にかけて、エクレストンはこんな提案をトヨタに行なった。

「フェラーリの財政状況が苦しくなっている。ミハエルとロス（・ブラウン）、それに3人のエンジニアを含めた5人をセットで雇ってくれないか。ギャラは5人全員で年間100ミリオン（ユーロ）でいい」

当時の為替レートに換算すると100万ユーロは約140億円。約500億円もの資金をF1に注ぎ込んでいたトヨタにとって、出せない金額ではなかった。しかし、トヨタはこのエクレストンからのオファーを断った。木下はいまもその判断に間違いはなかったと語る。

「確かに5人の中にはミハエル・シューマッハーとロス・ブラウン以外にロリー・バーンもいましたから、まさにドリームチームとなっていたことでしょう。そして、トヨタは今ごろF1で何勝も挙げていたに違いありません。確かに『ただ勝つ』だけなら、この選択肢も悪くはない。でも、それじゃ、荷物を全部運んでもらって、酸素ボンベまで用意してもらって登るチョモランマの観光登山と同じじゃないですか。もしトヨタが頂点に立つことだけを目指してF1に参戦したのなら、そもそもF1に参入する際、車体もエンジンも自分たちで製造してチームを作ったりしないで、メルセデス・ベンツがブラウンGPを買収したように、どこかのトップチームを買収していましたよ。または最初からロス・ブラウンのような頂点を極めた人を雇って、ロスが自分の手下を何十人も連れてきて、彼らに引っ張っていってもらえば、簡単に頂上へ行けたでしょう。でも、われわれは時間がかかるかもしれないけれど、自分たちで登頂する道を選んだんです」

自分たちでルートを探して、自分たちで荷物を運ぶというトヨタの登頂作戦は、8年目にしてようやく頂上が彼方に見えるところまでやってきた。そして、最後にアタックする人間として、トヨタはあるドライバーへの接触を試みた。

アロンソとの交渉

ミハエル・シューマッハーには振り向かなかったトヨタが、スター軍団をそろえるのではなく、自分たちが勝てるクルマを準備して、「勝てる」ドライバーとともに頂点を目指そうとした時期がある。2007年の秋のことだ。

相手は、皇帝ミハエル・シューマッハーに引導を渡した、2005年と06年のチャンピオン、フェルナンド・アロンソだ。当時のアロンソは移籍したマクラーレンでチームメイトやオーナーと反りが合わず、チームからの離脱を考えていた。

山科とハウエットがアロンソのマネージャーに会って用件を話すと、マネージャーは「わ

表彰台で肩を抱き合う、フェラーリ時代のミハエル・シューマッハーとロス・ブロウン。

フェルナンド・アロンソ。

かった。ちょっと待ってくれ」というなり携帯電話を手にしてアロンソに電話を掛け、ハウエットに直接話すように促した。

アロンソは、「あなたのチームのクルマは、本当に勝てるだけのスピードはあるのか？」と問い、「どうやって、勝てるクルマを開発するつもりなのか？」と続けた。

山科もハウエットも実際にクルマを開発しているわけではないので、アロンソの要求に満足できるほどの答は用意していなかった。

するとアロンソは、「トヨタのテクニカルディレクターはだれだ？」と。

「パスカル・バセロンだ」とハウエットが返答すると、「パスカルと会って話がしたい」とアロンソは会談に応じた。

会談は、トヨタ側がアロンソの指定する場所に出向いて行なわれた。トヨタからはバセロンと山科が同席した。初めてアロンソと個別に交渉する山科は、世間話から始めようとしたが、アロンソは「どういうふうにして勝つクルマを作るつもりか、説明してくれ」と切り出した。

その後もアロンソは余計な会話などまったくしなかった。

「あのサーキットのあのコーナーではオレのクルマはこうだったけど、トヨタのドライバーはなんと言っていたか？」

「いまどのくらいまで開発が進んでいるのか？」

アロンソの質問はすべてF1の話、しかも勝つことにつながる話題を次々と繰り出してきた。

「あなたをリスペクトしている」

アロンソが尋ねてくる質問がすべて技術的なものだったので、山科は黙ってバセロンに回答を任せていた。そして、バセロンの傍らでアロンソを見つめながら、彼の勝つことに対する飽くなき執着心に惚れていた。それは山科がそれまで接してきたどのドライバーよりも熱いものだった。しばらくして、そんなアロンソが少し寂しそうな表情を浮かべて、こんな質問をしてきた。

「トヨタではドライバー2人をどのようにコントロールしているのか？」

マクラーレンでアロンソが心に傷を負っていることを知っている山科は、いまこそ自分が出るべきだと、この質問に答えた。

「トヨタにはトヨタ・ウェイがある。トヨタ・ウェイの根幹には人を敬う気持ちを大切にしようという教えがある。今日、私が来たのも、あなたをリスペクトしているからだ。わかってほしい。われわれはあなたを裏切らない」

しばらくして話し合いは終わり、あとはアロンソのマネージャーとハウエットが交渉の続きを行なうということで、会談はお開きとなった。山科はTMGに戻るなり、ハウエットに「金の準備はするから、獲得する方向で動いてほしい」と指示を出した。

しかしこのとき、トヨタはすでに2009年までの契約を締結しているトゥルーリに加えて、グロックと契約を済ませたばかりだった。つまり、アロンソがトヨタを選択すれば、トヨタはトゥルーリかグロックとの契約を解除しなければならない事態となる。そんな山科に、ハウエットと木下は「F1ではよくあること。気にすることはない」と、山科の判断をバックアップした。

だが、アロンソからの吉報は届かなかった。約1カ月後にハウエットに届いた知らせは、「ルノーへの復帰」であった。

翌2008年後半も、アロンソはルノーに残留するかどうか判断しかねていた時期があった。しかし、この年、トヨタは動かなかった。「一度、フラれた相手にもう一度、会いに行く気はなかった」とは山科の弁だ。さらに「アロンソ以外のトップドライバーもみんな契約が決まっていて、ラインナップを変更する余地はなかった」(山科)。したがって、2009年のトヨタは決してベストなラインナップで臨んだわけではなく、トゥルーリとグロックは考えられる中でベターな選択だったということができる。

しかし、ベターな選択で頂点を狙えるほど、F1という峰は平易ではなかった。

「オレが立つ」

なかなか思うような成績が挙げられないまま、ヨーロッパ・ラウンドはあと2戦を残すだけとなっていた。12戦目の舞台はベルギーGP。そして、このグランプリでトヨタはF1活動を左右する重要な決断を行なう。

8月28日、土曜日、早朝。前夜、ホテルの自室で一晩考え抜いた木下は、翌朝スパ・フランコルシャンのモーターホームに到着するなり、ハウエットに「(MBOを)やることにした。オレが立つ」と宣言した。

木下の決断にハウエットは「わかった、オレも立とう。2人でやろうじゃないか」と応えた。

それから6時間後、予選でトゥルーリが2番手を獲得。トヨタにバーレーン以来の初優勝のチャンスが巡ってきた。しかもスタート時の車重は、ポールポジションのジャンカルロ・フィジケラ(フォース・インディア)よりも8・5kgも重く、3番手のニック・ハイドフェルド(BMWザウバー)には1・5kg、4番手のルーベンス・バリケロ(ブロウンGP)に対しては14kgも重い状態でスタートすることになっていた。

F1はマシーンの最低重量がレギュレーションで605kgに定められているため、スタート時の車重が重いということは、それだけ多くの燃料を搭載していることを意味する。相手よりも多くの燃料を搭載していれば、ピットストップのタイミングを遅らせることができるので、レースを戦う上で有利な戦略を採ることができる。2番手からスタートできるトゥルーリはトップ6の中でもっともスタート時の車重が重く、翌日のレースでは、スタートポジションをキープすれば上出来で、仮にひとつかふたつポジションを落としても優勝が狙えるという有利な条件で迎えることとなった。

ところが、日曜日の決勝レースはトヨタにとって考えられる最悪の結果となった。アウト側スタートのトゥルーリはスタートで3番手のハイドフェルドに並ばれ、さらに直後の1コーナーでハイドフェルトに追突してフロントウィングにダメージを負う。修理のために1周目にピットインを余儀なくされて最後尾へ転落。これでトヨタ初優勝の夢はあっけなく終わった。

レース終了後のトヨタのモーターホームは、まるでお通夜のように静まりかえっていた。そんな雰囲気を変えようと、山科は努めて明るく振る舞っていたが、木下とハウエットの表情はこわばっていた。それはトップ10から2台がスタートしたにもかかわらず、無得点に終わったレース結果に加え、土曜日に決意したことを、これからチーム代表の山科に伝えようとしていたからであった。

車内での告白

チーム代表の山科は２００７年にＴＭＧに赴任してから、ずっとファクトリーがあるケルンに駐在していた。山科はＴＭＧの会長も兼任していたが、同時にトヨタ自動車の専務取締役でもあった。６月末の株主総会に出席するため帰国してからは、会社の命によって豊田市の本社に戻り、そこから指揮を執ることとなり、出張という形態を取りながらチームに合流していた。そのため、ベルギーＧＰのレースが終了すると、チームスタッフとは別に帰国の途につかなければならなかった。

ベルギーＧＰが開催されたスパ・フランコルシャンは、ドイツとの国境をまたぐアルデンヌ山地にあるため、ＴＭＧのスタッフは皆クルマでグランプリに駆けつけていた。そして、木下はハウエットとともに山科を空港へ送るクルマに乗り込んだ。サーキットを離れた山科の顔には、チャンスをモノにできなかった悔しさがにじみ出ていた。そんな山科を見て、木下は少しためらった。しかし、日本へ帰るいま伝えなければ手遅れになる。木下は、ため息をつきながら窓の外を見ていた山科に告げた。

「山科さん、いろいろ考えたんですけど、このままこのプロジェクトを潰すのは忍びない。だから、私とジョンが立ちます」

山科が驚くのも無理はなかった。というのも、トヨタがF1から撤退する方向で動き始めていることを木下に告げたのは、ほかならぬ山科本人だったからである。それは7月に木下が一時帰国しているときのことだった。豊田章男新社長になって、さまざまな事業が見直され、F1もそのひとつに挙げられたときのことだ。山科は一時帰国している木下に真っ先に電話し、それを知らせた。木下がその知らせを受けたのは健康診断を受けている病院だった。これから内視鏡検査が始まるという直前に携帯電話に出た木下は、自分の検査を無視してしばらく山科と今後のTMGについて会話していた。

それから約1カ月。山科は日本に、木下はヨーロッパにいた。久しぶりに会った木下からの提案に山科は驚きながらも、F1を戦ってきた同志として、会社の上司として、木下らを案じた。

「本当にそれでいいのか。でも、おまえとジョンにだけ迷惑をかけるわけにはいかない」

心配してくれる山科の気持ちは、木下にとってもありがたかった。しかしそれで折れるわけにはいかなかった。

「山科さん、こうするしか道はないんです。私たちにやらせてください」

「わかった。オレが会社に話をしよう」

木下の熱意の前に山科が折れた。

撤退からMBOへ

それから数日後。本社で役員会が開かれた。議題の中にはF1撤退も盛り込まれていた。山科はその席上、木下からの「MBO」という提案を発表するつもりだった。会議開始の10分前、山科はドイツにいる木下に電話を入れた。

「これから役員会が始まる。最後にもう一度だけ確認するぞ。心変わりはないな。会社を辞めるっていうことだぞ。いいんだな。もう後戻りはできないぞ」

木下の気持ちにブレはなかった。

10分後に始まった役員会で、山科はTMGの社長であるハウエットと副社長の木下がMBOを行なって、トヨタから分離してF1活動を行なうという提案をした。すると、それまでトヨタがF1活動を止めるには撤退しか選択肢がないと考えていたほかの役員から「そこまで考えている人がいるのなら、その方向も考えてみよう」と方針が転換した。

会議の結果を聞いた木下とハウエットは、MBOに向けてさまざまな準備を始めた。MBOを行なうには登記する会社をふたつ作らなければならない。ひとつは持ち株会社で、もうひとつはレースを運営する会社である。会社を登記するには、それぞれの名前も必要となる。木下は名前にはこだわりはなかった。そこで、ハウエットがこんな名前を提案してきた。

「持ち株会社はライン・テクノロジーにしないか」

飛行機による大量輸送が行なわれる前、ほとんど海岸線に面していないドイツの貿易・産業は、国中を流れる川が中心となっていたため、ドイツの都市は川岸に多く作られてきた。ライン川が街中を流れるケルンもそのひとつ。ただ周辺には「ライン」を社名に使用する企業がいくつもあるので、重複していないか調べてみると「ライン・テクノロジー」という名前で登記されている会社がないことが確認できた。

肝心なのは、レースを運営する会社だ。こちらの名前は、チーム名にもなるからである。これもハウエットが考えたが、なかなかいいものが見つからない。ある日、ハウエットはこう木下に言ってきた。

「昨日、一晩寝ないで考えたんだ。『フェニックス』っていうのは、どうだ？」

木下は「うーん」と、ため息をついた。というのもアメリカのCART時代にエンジンサプライヤーだったイルモアが撤退した後、フェニックス（不死鳥）という名前で生き残ったものの、成績は散々だったという記憶があったからである。しかし、もともと木下にとって名前などどうでもよかった。それよりも「私たちは何もない灰の中から蘇ろうとしているんだ。まさにフェニックスじゃないか」と力説するハウエットの気持ちを大切にしたかった。

チームの名前は決まった。あとは本社の決定を待って、登記するだけだ。

「これでTMGのスタッフたちと、F1活動を続けられる。あとは日本GPへ向けて、集中するぞ」

暑い夏が終わり、F1はヨーロッパからアジアへと、戦いの舞台を移していった。

第8章
鈴鹿スペシャルへの思い

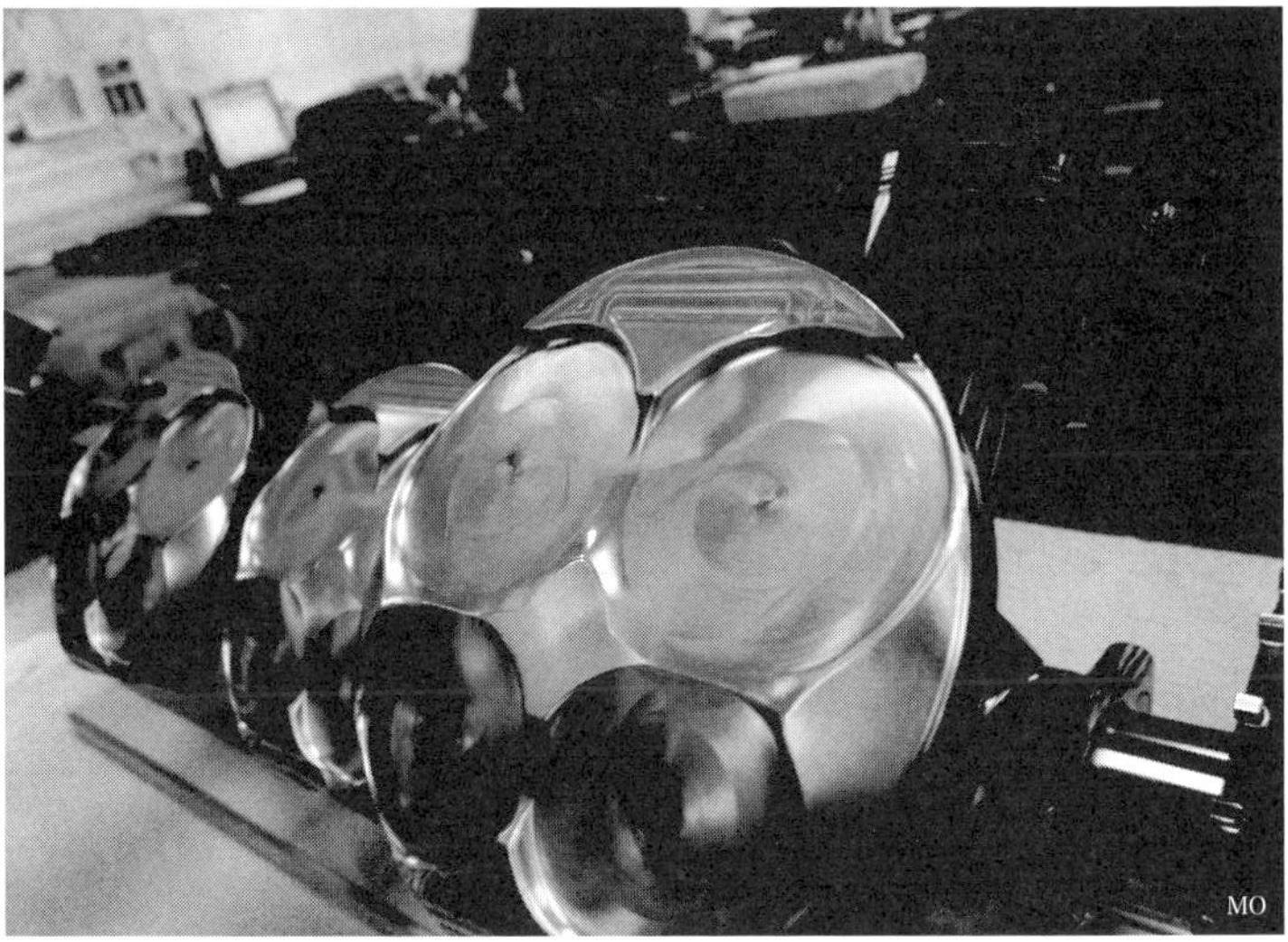

シルバーストーンの衝撃

木下たちがMBOに向けた動きを行なっているころ、TMGのファクトリー内ではもうひとつの戦いが佳境に入っていた。それは初優勝へ向けての戦いである。トヨタが優勝を賭けて最後の戦いに設定した舞台は鈴鹿サーキットだった。

トヨタが鈴鹿を最後の戦いの場に設定したのは、鈴鹿が母国グランプリであることだけが理由ではなかった。トヨタが2009年に開発したTF109のエアロダイナミクス特性が、鈴鹿のコースと相性がよかったからである。鈴鹿はレースでの平均時速が約210㎞、最高速も時速約315㎞と高速コースである。しかし、コースの前半区間はS字などコーナーが連続し、ヘアピンやシケインといった低速コーナーもあるので、ダウンフォースも必要となってくる。つまり空気抵抗を増やすことなくダウンフォースを発生させるという効率のいいエアロダイナミクスが求められる。

これこそTF109の開発の指揮を執ってきた永島が目指してきたテーマであった。超高速のモンツァ（イタリアGP）を除けば、2009年にレースでの平均時速が200km以上だったサーキットは5つあり、いずれもTF109は予選で上位につけていた。バーレーンGPはフロントトロウ、トルコGPはトゥルーリが5番手、イギリスGPは4番手と8番手、そしてベルギーGPの2番手と7番手である。

だが、永島はまだ納得していなかった。もちろん、TF109で勝利を手にしていないこととも関係していたが、最大の原因はTF109がコース上で最速のマシーンではなかったからだ。2009年の序盤戦で最速だったのは、ダブルディフューザーをうまく作ってきたブロウンGPだった。しかしベルギーGPの予選で2台のトヨタが、ともにブロウンGP勢を上回ったように、シーズン中の開発でトヨタはブロウンGPとのギャップは埋まり、サーキットによっては逆転するようになった。それでもトヨタがレースで勝てなかったのは、第3勢力のレッドブルがブロウンGPとトヨタを上回る開発を行なっていたからだ。

レッドブルは、4月15日に国際控訴裁判所が正式に「マルチディフューザー合法」の判決を下すと、ダブルディフューザーの製作を開始。早くも1カ月後のモナコGPに投入してきた。レッドブルのマシーン、RB5は開幕戦でレース終盤まで上位につけ、第3戦の中国GPで1―2フィニッシュを飾っているように、ノーマルなディフューザーでもマルチディ

カモノハシのくちばしのようなノーズが特徴のレッドブル RB5。

フューザーチームと同等の戦いを繰り広げるスピードを持っていた。そのＲＢ５がダブルディフューザーを装備してきたのである。

そのレッドブルがイギリスＧＰの舞台となったシルバーストーンに、エアロパッケージを一新したニューＲＢ５を持ち込んできたのである。新しいＲＢ５は、ノーズがカモノハシのくちばしのように平たいユニークなデザインが目をひいたが、永島はホイールベースを延長してきたことに注目した。これはディフューザーの効果をさらに高めようとする方策に他ならなかった。ホイールベースの変更はシーズン中にはあまり行なわないが、それをあえて変更してきたところにレッドブルの「本気度」を感じていた。

鈴鹿スペシャル

イギリスＧＰは、永島が予想した通りレッドブルが１―２フィニッシュを飾っての圧勝に終わった。レース後、ファクトリーに戻った永島は新ＲＢ５とＴＦ１０９のギャップを分析した。その結果、イギリスＧＰの時点で１周につきコンマ３秒負けていることが判明した。

「このままでは勝てない」

永島はすぐさま開発の見直しを図った。コンマ３秒というのは、ＴＭＧでは１割、10ポイント分の開発向上を意味する。空力の開発は時間との勝負であり、10ポイント向上させるだけなら日本GPまでに改善できるが、レッドブルもその間に開発を続けているから、それ以上の開発が必須である。ライバルの開発スピードも予想・分析した結果、トヨタがレッドブルに勝つためには、イギリスGPの時点より30ポイントも向上させなければならないことがわかった。

過去の例を考えると4カ月は要するが、それでは日本GPには間に合わない。そこで永島は2基ある風洞施設のうち、2010年用の開発に使われていたものもTF109の開発に使用するように指示し、同時に2010年用を担当しているスタッフたちもTF109の開発にまわして、総動員で鈴鹿スペシャルに取りかかることにした。

とはいえ、この時点でTF109と新RB5はどちらもディフューザーは2層構造で、リアウィングの翼端板もお互い上下に長く、高いノーズに作り込まれたフロントウィングを組み合わせるという、似たようなコンセプトであった。エアロダイナミクスを大きく向上させる方法は簡単には見つからなかった。しかしレッドブルが速いのは事実であり、それには必ず理由がある。永島たちはレッドブルのマシーンにあって、自分たちにはないものを注視した。それはリアサスペンションだった。

RB5のリアサスペンション形式はプルロッドといい、マシーンを後方から見たとき、ダンバーから伸びるアームが車体の下から上へ伸びる方式で取り付けられている。これに対して、TF109はほかの8チームのマシーンと同様に車体の上から下へ伸びるプッシュロッド方式を採用していた。サスペンションの方式を変えるのはギアボックスの改良も必要となり、かなり大がかりな変更となる。しかも、プルロッドそのものには大きなアドバンテージがあるわけではない。サスペンション方式を見直すという案は、すぐに消えた。

しかし、レッドブルがプルロッドを採用しているのには何か別の理由があるはず。そこでトヨタの開発陣はサスペンションの取り付け位置を上げ、風洞実験を行なった。すると興味深い風の流れが発見できた。2008年まではリアウィングの幅が1000㎜あったため、なるべく多くの空気をリアウィングに流そうと、リアタイヤ周辺はさっぱりとしたデザインが主流となっていた。ところが2009年はリアウィングの幅が750㎜と狭くなったので、異なるアプローチが必要になった。それはリアタイヤの内側に空力パーツを装着して、ダウンフォースを稼ぐアイディアである。そのためにはリアタイヤの内側に接続されているサスペンションの取り付け位置を工夫する必要があった。

そこでトヨタは、車体側のダンパーへ伸びる部分以外のすべての取り付け位置をそれぞれ30㎜ずつ上方に移動。それに合わせてフロアも変更し、リアタイヤの内側に装着させる空力パーツも開発した。テストが禁止されていたため、日本GPの1戦前のシンガポールGPに投入して、サスペンション変更によるデメリットがないかをチェックした後、満を持して鈴鹿へ投入することにしていた。

このとき、フロントウィングも鈴鹿用のものがシンガポールに送り込まれていたが、発送した後に、TMGの開発陣がさらに効率良くダウンフォースを発生できるパッケージを発見。シンガポールGP直後にドイツから日本へ空輸するというギリギリの開発を行ない、ファクトリーで打倒レッドブルに向けた戦いを繰り広げていた。そして、トヨタの開発陣はイギリスGP後からわずか3カ月間に25ポイントも空力効率を改善するという驚異的な仕事をやってのけ、母国グランプリへ臨んだ。

第9章 母国グランプリ

TOYOTA

最後の母国グランプリ

1国1開催を原則としているF1グランプリ。2009年の日本GPは、前年の富士スピードウェイに代わり鈴鹿サーキットで開催された。7月に一時帰国して以来、約3カ月ぶりに故郷の土を踏んだ木下は、この3カ月間に経験したさまざまな出来事に思量していた。そして、「撤退するにせよ、MBOが成功するにせよ、トヨタのユニホームを着て日本GPを戦うのは、これが最後だ」との思いを胸にサーキットへ向かった。

木下はいつもとは異なる行動をとった。静岡県裾野市で生活している妻と娘をサーキットに招待したのである。木下はこれまでサーキットに家族を呼んだことはなかった。たった一度だけ、アメリカでCARTを戦っていたときに例外はあったが、F1では2004年にモータースポーツ部部長となって以来、6年間で一度もサーキットに連れて行ったことはなかった。妻も「サーキットはお父さんの職場だから」と、一度も「サーキットへ連れて行って」

と願ったりはしなかった。

そんな木下のストイックにレースに打ち込む姿を見ていて、一人娘はレースが嫌いになった。娘が小さい頃、めずらしく家に帰ってきた木下がレースのビデオを観ていると、ヨチヨチ歩きでテレビに近づき、スイッチを切った。

「パパ、きらい。レース、きらい」と。

確かに木下の人生はレースそのものだった。世界ラリー選手権とル・マン24時間レースのプログラムに参画した木下は、１９８９年から95年までヨーロッパへ単身赴任。１９９６年にトヨタがＣＡＲＴシリーズに挑戦を開始すると、単身アメリカへ渡った。２００２年にモータースポーツ部がある東富士研究所に帰任し、13年ぶりに裾野市での自宅生活を家族とともに送るのも束の間、２００７年の７月からＴＭＧがあるケルンへ赴任。再び家族と離れて暮らす日々が続いていた。

そんな木下が初めて妻と娘をサーキットに招待した。チームの仲間は、家族をサーキットに呼んでいる木下をめずらしく思っていたものの、そこにどんな意味が隠されていたかまでは知るよしもなかった。それよりチームスタッフたちの頭にあったのは、ＴＭＧの開発陣たちが夜を徹して完成させ、金曜日の朝にサーキットに到着させてくれた最新の鈴鹿スペシャルマシーンで悲願の優勝を狙うことだった。

ところが、その鈴鹿スペシャルのステアリングを握るはずのドライバーの姿がひとり、サーキットにいなかった。グロックが倒れたのである。

突然のドライバー変更

グロックが体調を崩したのは前夜、10月1日の夜だった。2009年の日本GPはシンガポールGPから2週間連続での開催であり、常夏のシンガポールから秋の日本にやってきたドライバーは、疲労がたまっているうえに気温の変化もあって体調を崩しやすいコンディションだった。加えて、前週のシンガポールGPでは、チームメイトのトゥルーリがやはり高熱を出していたため、日本GP直前に行なわれたイベントにグロックは出ずっぱりとなった。そして、ついに木曜日の夜にダウンした。

なんとか熱を抑えてグランプリ初日の出場を試みたグロックだったが、金曜日の朝になっても熱が下がらず、フリー走行の出走は断念した。その知らせをサーキットで受けたチームマネージャーは、新居章年テクニカルコーディネーション担当ディレクターを呼んで、リザーブドライバーの小林可夢偉に連絡を取るよう指示。新居は可夢偉に帯同しているマネージャーの有松義紀の携帯にすぐさま電話を入れた。10月2日、金曜日朝8時半のことだった。

「いま、どこにいますか？」

「もうすぐサーキットに到着しますが……」

「今日、（可夢偉が）走ることになったから、できるだけ早く来てほしい」

何も事情を知らない人たちの中には、可夢偉の日本GP出走を「トヨタのファンサービス」と考えていた人もいたようだが、現実はまったく違っていた。出走の知らせを聞いた可夢偉は、車内で「え〜っ」と叫んだほどだった。

サーキットに到着した可夢偉には、初グランプリ出走の感慨に浸る余裕などなかった。金曜日のフリー走行の開始時間は午前10時。準備する時間は1時間あまりしかなかった。レギュラードライバーであれば1時間もあれば問題はないが、可夢偉はリザーブドライバーとして登録されていたものの、まだ一度もグランプリで走ったことがなく、しかもその日、鈴鹿は秋雨が落ちていた。

可夢偉のヘルメットはチームが運んでいたが、雨用のバイザーなどは準備されていなかった。幸い日本のアライ製を使用していたので、日本GPということもあり、アライのサービスマンが複数パドックにいたため、事なきを得た。

続いて待っていたのは、FIAによるコクピット脱出テストだ。コクピットは狭い方がエアロダイナミクス的には有利だが、狭くなると安全性に問題が生じてくる。そこで、FIA

はレギュレーションでドライバーが素早くコクピットを脱出できることを義務づけている。技術レギュレーションの第13条1項4によれば、「ドライバーは通常に着座し、すべての安全ベルトを締め、通常の運転装備を身につけた状態で、ステアリングホイールを取り外して車両から脱出することが5秒以内でできなければならず、さらに10秒以内にステアリングホイールを元の位置に戻すことを完了していなければならない」と定められている。しかし、比較的小柄な可夢偉は約4秒で脱出。余裕でこの試験をパスした。

だが、思わぬ難題が可夢偉の初出走の前に立ちはだかった。それはステアリングである。リザーブドライバーの可夢偉には、専用のステアリングがなかった。F1のステアリングは単にフロントタイヤの蛇角を変えるだけでなく、様々な機能が搭載されている。エンジンのマッピングを変えたり、混合気のミクスチャーを変更したり、フロントウィングの角度を調整するなどのスイッチが装着されており、非常に高価な代物であるため、メインのドライバーのものしか用意されていないのだ。

リザーブドライバーの可夢偉がテストでF1マシーンを走らせる場合は、レギュラードライバーのステアリングを使用するのだが、現在のF1のステアリングは同じチームでもドライバーに合わせてカスタマイズされており、ボタンの配置が微妙に異なる。グロックの代役として可夢偉が乗るカーナンバー10のマシーンには、当然ながらグロックが使用しているステアリングが装備されていたのだが、可夢偉がテストで使用していたのはトゥルーリのステアリングで、グロック用を握ったことはなかった。トヨタにはトゥルーリ用のスペアがあったが、それはトラブルが発生したときのためのもので、可夢偉が使うわけにはいかない。

セッション開始を目前としたトヨタのガレージで、エンジニアは可夢偉にボタンの配置を教えた。心の準備も、モノの準備も完璧とはいえない状況の中で、可夢偉は鈴鹿スペシャルに乗ってコースインしていった。

可夢偉の我慢

気温20度、路面温度22度。小雨が降る中、午前10時、フリー走行1回目がスタートした。しかし、ウェットタイヤを履いた可夢偉は、マシーンのチェックを行なうためのインスタレーションラップを1周しただけで、すぐにピットインした。この時点でトヨタはグロックが体調を回復させ、土曜日には戻ってくることを想定していたからであった。したがって、鈴鹿スペシャルが問題ないかどうかを確認することが、可夢偉の第一の仕事となっていた。さらに天気予報は、土曜日まで雨が残る可能性を伝えていたため、使用する本数が制限されているウェットタイヤも、グロックのために残しておきたかった。

それでも可夢偉は腐らなかった。ハミルトンやコヴァライネン、フェッテルなど鈴鹿で初めてレースに臨むドライバーらが精力的にコースを習熟しようと周回を重ねる中、可夢偉は約30分間ガレージで待機した。それは日本人の可夢偉が鈴鹿をよく知っているからではなかった。可夢偉が鈴鹿を走ったのは2003年のフォーミュラ・トヨタ以来で、最後に走ったシリーズ最終戦は東コースだった。決して地の利があるわけではない。レーシングドライバーであれば、雨であろうがコースを走りたかった。

「しかし、いまチームはそれを求めていない」

14歳からTDP（トヨタ・ヤング・ドライバーズ・プログラム）の一員として、トヨタに育てられた可夢偉はじっと耐えた。そして90分間に2回の走行で一度もコースオフすることもなく、淡々と仕事をこなして、グロックへステアリングを渡した。

リザルト上はフリー走行1回目19位、2回目12位といずれもチームメイトのトゥルーリの後塵を拝する形に終わったが、この冷静でミスのない可夢偉の仕事ぶりは、チームから高い評価を得、のちのレースデビューにつながる可能性を残した。

初めてのF1グランプリ出走を終えた可夢偉はこう語った。

「もっと走りたかったので、走った気がしていません。セッティングも変えさせてもらえなかったし。でも、自分がレースに出るわけではないのでしょうがない。とにかく、クルマを壊さないことだけ考えていました」

こうして鈴鹿スペシャルは、大切にグロックへ引き継がれた。

グロックの焦り

10月3日、土曜日。2日目を迎えた日本GPは前日の雨から一転、青空が広がる絶好のグランプリ日和となった。サーキットには金曜日のフリー走行を欠場したグロックの姿があった。まだ完調というわけではないが、今回はチームの母国グランプリ。日曜日のレースに出場するためには、土曜日の予選を通過しなければならない。休むわけにはいかなかった。

しかし、病床から復帰してきたグロックは、最初のセッションである3回目のフリー走行から精彩を欠いていた。予選に向けて最後の調整を行なうこのセッションで、グロックは14番手に終わる。中高速コーナーが連続する鈴鹿は体力的な負担も大きく、病み上がりのグロックにはかなりハードなコースレイアウトだった。

そんなグロックとは対照的にチームメートのトゥルーリは好調で、フリー走行3回でトップタイムをマークした。これにグロックはやや焦りを感じていた。その焦りは、タイムのせいだけではなく、この時点で彼の2010年の契約がまだ白紙の状態にあったためだった。

グロックは、大雨に祟られたマレーシアGPや、路面がデコボコしたバンピーなサーキットでのシンガポールGPで表彰台に上がっていたように、悪条件のコースでタフさを発揮するドライバーだった。しかし、そのタフなドライビングとは裏腹に非常に繊細な心の持ち主でもあった。自分がチームから必要とされていると感じることができれば、いかんなく自分の力を発揮するのだが、その信頼を感じられないと途端に萎縮してしまうところがあり、チームの首脳陣もグロックのコントロールには気を遣っていた。

ベルギーGPに山科が3戦ぶりに来たときのこと。モーターホームにいた山科を見つけたグロックはすぐさま近寄ると、自分の将来について山科に尋ねた。

「僕は来年もトヨタでレースができるのか?」

しかし、そのとき本社から「撤退の方向で準備せよ」という指示を受けていた山科は明言を避け、「お前の将来はこれからの走りにかかっている」と答えた。

これは「シートを用意してあげられないから、自分で道を切り開いてくれ」という山科の無言のエールだったが、グロックは「トヨタは自分を必要としていない」と受け取ってしまった。

さらに日本GPの金曜日、自分が欠場していた日に行なわれた記者会見でハウエットが翌年のシートに関して、こんなコメントを語っていた。

「ヤルノ(・トゥルーリ)とティモ(・グロック)には、来年のシートを用意できない可能性もある。だから彼らが他チームと話し合うことはフェアだ。それより、われわれがこのグランプリで欲しいのは結果だ。それを手に入れるための強力なマシーンを手にできると思っているからね」

グロックの胸中は穏やかではなかった。そんな中、日本GP公式予選はスタートした。

1台だけの鈴鹿スペシャル

まぶしい太陽が路面を照らし、路面温度は40度にも達する秋晴れの中で開始された予選。トゥルーリは予選1回目から4番手タイムをマークするなど、引き続き好調だった。これに対してグロックはリズムをつかむことができず、予選1回目は14番手とぎりぎりで通過していた。そして予選2回目で、グロックが最終コーナーで事故を起こした。皮肉にもチームメートのトゥルーリがトップタイムを出した直後の出来事だった。

通常はミスするような場所ではない緩やかなコーナーで起きた事故に、当初はマシーントラブルも考えられたが、事故は「シケインの立ち上がりで少しミスして、自分のタイムをステアリング上についている液晶パネルで確認しているうちにステアリング操作を誤った」(グロック）という焦りが招いたドライビングエラーだった。

ノーズからタイヤバリアーへ突っ込んだグロックは、自力で脱出できないほどの衝撃を受けていた。精密検査の結果、幸い脳には異常はなかったが、左脚に怪我を負った。そのため、急遽、チームはＦＩＡへ小林可夢偉のレースへの出場許可を要請するが、ＦＩＡはレギュレーションに則って代走は認めなかった。

ＦＩＡ競技規則 第31条第2項には、「大会2日目の少なくとも1回の予選セッションに参加していないドライバーは、決勝レースでスタートすることはできない」とあった。

これでトヨタのカーナンバー10番を走らせる権利のある者はグロックだけとなった。そのとき、グロックは四日市市の病院で14針を縫合する手術を済ませ、レースへの参加を希望していた。そこでチームは本人の意思を尊重し、翌朝サーキットでのＦＩＡの検査を受けさせることにした。しかし、日曜日に足を引きずりながらサーキットに現れたグロックは、とてもレースが行なえる状態ではなかった。レーシングスーツを着て、コクピットから脱出するテストを受けようしたが、5秒で脱出するどころか、縫合した左脚を自由に動かすことができず、コクピットに収まるのがやっとという状態であった。これではレースに出場できない。

「前日のクラッシュで受けたクルマのダメージを直すために夜を徹して作業をし、決勝に間に合わせてくれたクルーのためにも出場したかったが、申し訳ない気持ちでいっぱいだ」

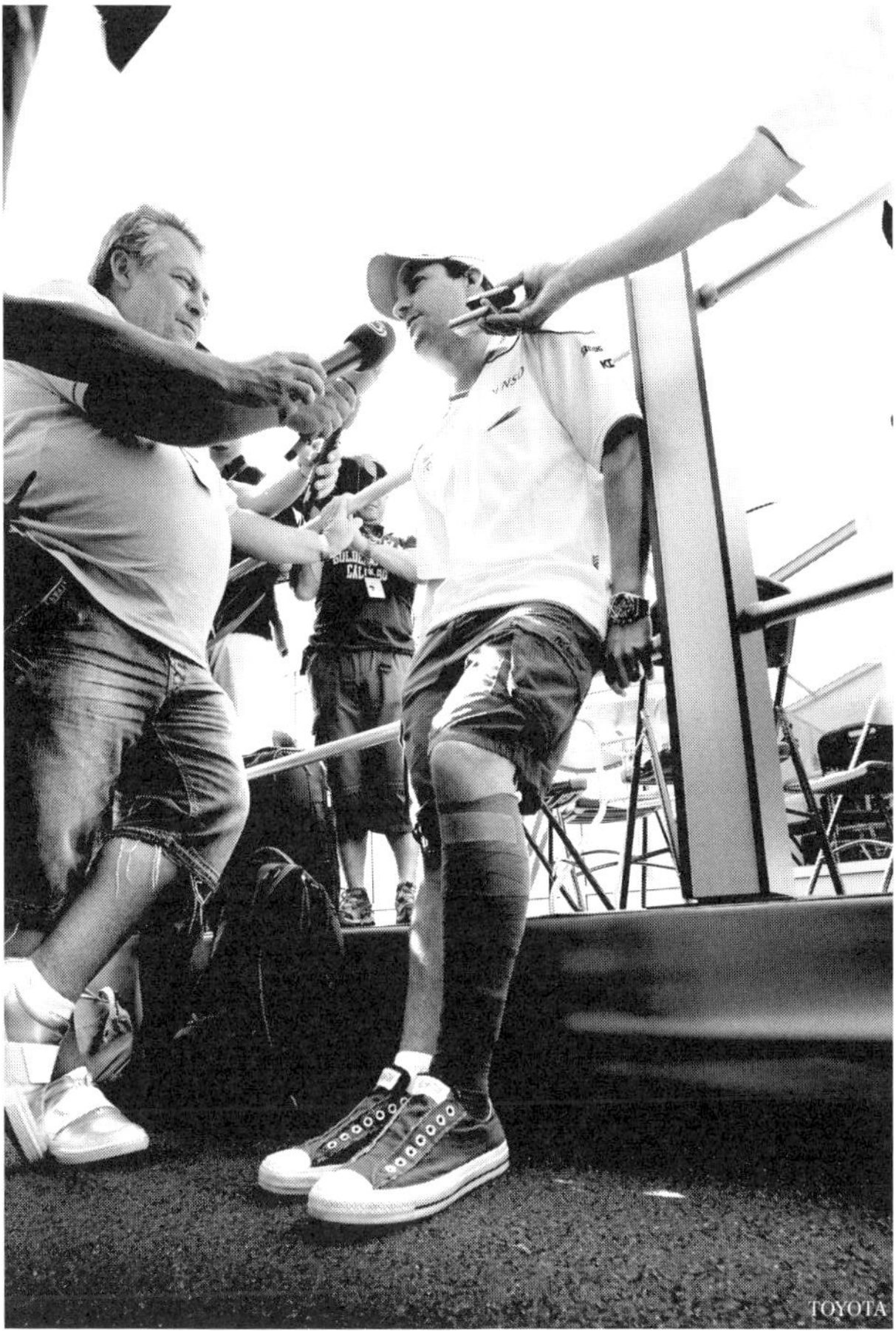

インタビューに答える負傷したグロック。

（グロック）

この日に合わせてＴＭＧが総力を挙げて作り上げた鈴鹿スペシャル。それを１台しか走らせることができない。まだレースも始まっていないのにグロック用レース機材の後片付けを始めているトヨタのガレージは寂寥感に包まれていた。

そのとき、サーキットにトヨタ自動車の豊田章男社長が到着した。社長になってから初めてのＦ１視察。しかも、２０１０年に向けてのＦ１活動は木下とハウエットがＴＭＧを買収して続ける方向で話は進んでいるものの、最終決定は下されてはいない。

「ここで無様なレースを見せることはできない」

木下とハウエットは、トゥルーリのスタートを祈るような気持ちで見守っていた。

スペシャルエンジン

日曜日の鈴鹿は前日と同様、青空が広がるレース日和となった。気温26度、湿度43％、鈴鹿峠から吹き下ろす爽やかな風はホームストレートでは追い風となった。

トヨタのエンジン担当シニア・ゼネラルマネージャーの竹内一雄は、そのコンディションをうなずきながら確認していた。竹内は、日本グランプリのためにスペシャル・エンジンを用意して臨んでいた。

竹内は１９９５年にモータースポーツ部に配属された後、トヨタのレーシングエンジンの開発を任され、アメリカでのモータースポーツ活動とＦ１を主戦場として戦い続けてきた。トヨタがＦ１に参戦した２００２年にドイツに駐在していた数少ない日本人エンジニアで、２００５年にＮＡＳＣＡＲ用エンジン開発のため、いったん渡米し、08年に再びＦ１に戻ってきた。アメリカのレースで結果を出していた竹内にとって、まだ結果の出ていないＦ１へのカムバックはモチベーションが高まる異動だった。

だが、竹内がアメリカへ渡っている間にエンジンに関わるレギュレーションは大きく変わり、３ℓV10から2・4ℓV８へとコンパクトになっただけでなく、性能向上に繋がる開発を凍結することが定められていた。したがって、鈴鹿用の特別なエンジンとはいっても、鈴鹿用に出力を向上させるなどの特別な仕様変更は許されていない。では、なにが特別なのかといえば、「鈴鹿には是が非でもフレッシュ・エンジンを持って行くこと」（竹内）だった。

狂ったローテーション

２００９年のＦ１は、レギュレーションによって、１台の車体につき年間８基しかエンジンを使用することができないと定められている。２００９年は17戦であったから、単純に計算すると1基あたり2レースは走らなければならないことになる。ところが、トヨタは第4戦バーレーンＧＰでグロックが使用した3基目のエンジンに、レース後トラブルの予兆を発見。その後の使用を断念せざるを得ない状況となり、ローテーションが狂ってしまった。

1戦あたり3日走るグランプリを17戦。これを8基のエンジンで賄おうとすると、走行距離は1基あたり約２０００㎞となる。レーシングエンジンは、走行距離が延びると、たとえトラブルを起こさなくとも確実に性能が低下していくという宿命を背負っている。同じエンジンあっても、１０００㎞を使用したユーズド・エンジンの性能は、フレッシュより劣ることになる。ＴＭＧにいる竹内らエンジン部門のスタッフは、車体部門の開発陣が鈴鹿に向けてスペシャルパッケージを用意していることは承知してした。車体部門にしても同様で、負荷が大きい鈴鹿のために、エンジン部門がやりくりしてフレッシュ・エンジンを温存させていることはわかっていた。

そこで竹内は、5基目と6基目のエンジンをレースで3回使用する決断を下し、さらに1基目、2基目、4基目のエンジンは2度のレースを完走した後も、さらにほかのグランプリのフリー走行に使用。２０００㎞を超えてドイツＧＰでも使用することとなった1基目と2基目に関しては、フリー走行1回目に1基目、2回目に2基目と細かく区切って、ギリギリまで有効活用した。

グロックがバーレーンGPで使用した3基目のエンジンに不具合が発見されて、その後のローテーションに狂いが生じたが、竹内をはじめとするエンジン部門のスタッフがその後、信頼性の高いエンジンを供給したことで、鈴鹿には8基目のフレッシュ・エンジンを投入する手筈は整った。だが、竹内はこのフレッシュ・エンジンにもこだわった。

開発が凍結されているため、8基目のエンジンも諸元はほかのエンジンとまったく同じである。だが、1台1台人間が組み立てるグランプリエンジンには、どうしても性能面でのバラつきが発生する。鈴鹿用のエンジンも8月から組み立てられたが、ベンチでテストしてみると、若干ながら性能が劣っていることが判明。テスト用エンジンへとまわした。現在のF1レギュレーションでは、グランプリで使用する際にエンジンには封印が施され、部品が交換できないようになっているが、組み立ての時点では、まだFIAに登録していないために封印はされておらず、何度でも組み立て直すことができる。竹内はスタッフに納得のいく性能がベンチで得られるまで何度も組み立て直させた。

バラつきといっても、その差は2～3馬力である。しかし、現在のF1は10馬力で1周コンマ3秒変わると言われ、3馬力ならコンマ1秒違ってくる。2009年の予選は近年稀に見る大混戦で、1秒以内に15台以上がひしめき合うことも珍しくなかった。したがって、1

馬力といえども疎かにはできない。

組み立てが終わったエンジンをベンチテストしては、「こんなエンジンを鈴鹿へ持って行けるか」と、竹内は怒鳴ったこともあった。

8月から開始された鈴鹿用スペシャルエンジンの組み立ては9月に入っても続いた。最終的に竹内が鈴鹿スペシャルにOKを出したのは、日本GP開始の1週間前。まさに虎の子のエンジンだった。

こうして竹内らエンジン部門のスタッフたちによって組み立てられた鈴鹿スペシャルエンジンであったが、2回目の予選でグロックがクラッシュし、残るは1基だけとなってしまった。トゥルーリは3回目の予選に進出したが、最後のアタックのセクター2（第2計測区間）でロスしたことで、ポールポジションのセバスチャン・フェッテル（レッドブル）に100分の6秒及ばず、予選2位に終わった。

竹内はトゥルーリを責めなかった。自分たちが作り上げた鈴鹿スペシャルの本当の仕事が始まるのはこれからだ。その仕事とは翌日のレースでのスタートと燃費だった。

打倒メルセデス

２００９年、トヨタのエンジニアたちにライバルが衝撃を与えたレースがふたつある。ひとつはイギリスＧＰでの生まれ変わったレッドブルのＲＢ５の速さ。そして、もうひとつはベルギーＧＰにおけるメルセデス・ベンツ・エンジンの燃費の良さだった。

２００９年のベルギーＧＰは、セーフティカーラン直後に先頭に立ったキミ・ライコネン（フェラーリ）をジャンカルロ・フィジケラ（フォース・インディア）が追うという、２台のマッチレースだった。スタート時の車重は、ライコネンの６５５kgに対してフィジケラが６４８kgだったから、７kg軽い（燃料搭載量が少ない）フィジケラにはまったく勝ち目はないと思われていた。ところが1回目のピットストップはまったく同じ。結局、フィジケラはピットストップでもライコネンを抜くことはできず2位でフィニッシュしたが、レース後、パドックではメルセデス・ベンツの燃費がなぜあれほど良かったのかが話題となった。トヨタのスタッフも同様だった。「メルセデス・ベンツは、なにかインチキしているのではないか」と揶揄する声があったほどだ。

もちろんそれは、半分冗談だったが、竹内は「エンジニアなら、技術的なアプローチを試みようじゃないか」と叱責した。

ＴＭＧに戻ったエンジニアたちはさまざまなデータを照合して、メルセデス・ベンツのエンジンを分析した。するとメルセデス・ベンツ・エンジンが特に燃費に秀でているわけではないという結論に至った。というのも、09年のＦ１はレギュレーションで「グランプリ期間中、ドライバーの体重を含めて、車重はいかなるときも６０５kgを下まわってはいけない」となっている。

しかし、走行中に消費するのは燃料だけではない。オイルも消費されるし、ブレーキ・ディスクやタイヤも摩耗する。さらにドライバー用に搭載したドリンクも消化される。つまり、レーススタート時には６０５kgの車体と燃料、プラス、それらの消費されるものを上乗せされていることになる。そしてその消費量をいかに正確に読むかが重要となってくる。トヨタのエンジニアたちは、メルセデス・ベンツの燃費が良さそうに見えたのは、このスタート時の車重設定をギリギリまで絞っていたからではないかと推論した。

もうひとつ、竹内が注目したのはミクスチャーについてだ。ミクスチャーとは空気と燃料の混合比で、ドライバーが走行中にステアリング上のボタンによって微調整できるようになっている。燃費を良くするにはインジェクター（燃料噴射装置）に送るガソリンの量を減らせばいい。いわゆるリーン（希薄混合気）状態で走行させるのだが、リーンにすると、パワーの低下と、燃焼室の温度が上昇するというデメリットが生じる。後者は、最悪の場合、ピストンが焼き付いてエンジンブロウを招きかねない。

ただし、現在のエンジンは、さまざまな箇所にセンサーを内蔵しているので、テレメトリーによってピットでも燃焼室の状態を把握することができる。ベンチテストにかけられるテスト用エンジンではどのエンジンメーカーも燃焼室にセンサーを装着するが、トヨタは実車用エンジンの燃焼室にもセンサーを取り付けてリアルタイムにチェックしており、リーンにしてもブロウさせない自信があった。

さらに竹内は、日本GP当日の天気と気温、湿度、風向きの予報を入手し、それらの条件をベンチで再現した上で、基本となる燃費とパワーのデータを得ていた。その後、エンジニアが、エンジンのミクスチャーをさまざまに変えながら、パワーを落とすことなく、燃費を向上させる空気とガソリンの混合比を調べ出していった。そして、日本GPの2日前の9月30日水曜日に、鈴鹿スペシャルエンジンの使用方法を決定し、レースチームへ発送した。

スタート勝負

日本GPで、竹内らエンジン担当のエンジニアたちがもっとも気にしていたのは、スタートだった。トラクションコントロール・システムが禁止されている現在のF1で、タイヤの空転を抑え、無駄なくきれいにスタートするために重要なことはエンジンのトルクマップをいかに最適にするかで、それはエンジン担当のエンジニアたちの仕事だ。

しかも、２００９年はＫＥＲＳ（運動エネルギー回生システム）を搭載するマシーンもあったため、スタートでポジションをキープするのは簡単ではなかった。トヨタではスタートから時速１００㎞に達するまでに要した時間と、スタートから1コーナーまでの間でポジションがどのように変化したのかについて、レースごとにＧＰＳ機能を使用してチェックしている。それによれば、ポジションキープ率74％と好ダッシュを決めていた２００８年と同様、09年もスタートから時速１００㎞までの加速は悪くなかった。

しかし、２００９年のポジションキープ率は51％に下降している。つまり、順位を落として第1コーナーを通過していったレースが半分あるということになる。そして、この下落幅の23％のうち、約半分がスタート直後にＫＥＲＳ搭載車に抜かれた数字だった。

そのＫＥＲＳを搭載するマクラーレンのルイス・ハミルトンが、土曜日の予選で3番手を獲得。さらにそのマクラーレンに搭載されているエンジンは、ベルギーＧＰで燃費が良く、パワーもあるといわれていたメルセデス・ベンツである。心血を注いで鈴鹿に賭けてきたエンジンを担当するエンジニアにとっても、母国グランプリは絶対に負けられない一戦だった。

午後2時、フォーメーションラップが始まった。竹内は2番グリッドから出て行ったトゥルーリのテレメトリーを、エンジニアリングルームに設置されたモニターを通して見つめていた。そこにはタイヤの表面温度などのデータが表示されてあった。データエンジニアたちはフォーメーションラップの約2分間に、次の5つの計算を行ない、ピットウォールに座っているレースエンジニアのジャンルカ・ピサネッリを通してトゥルーリへ指示を出さなければならない。なぜなら、フォーメーションラップを終えてグリッドに着くと、FIAのロック機能が作動して、すべてのスイッチが90秒間にわたって変更できなくなり、最適なスタートが切れなくなってしまうからだ。ドライバーへの5つの指示は以下の通りだ。

1 タイヤの摩擦係数を最適な状態にするよう温度を指示
2 フォーメーションラップのスタート時における路面の摩擦係数を見て、スタート時の摩擦係数を正確に読む
3 伝達可能なトルクを求め、最適なエンジンマップを準備
4 伝達可能なトルクだけをタイヤに伝達するよう半クラッチの位置を決める（0・05㎜間違えると適切にスタートできない）
5 半クラッチから完全ミートの時間（秒数）を決定する

フォーメーションラップを走りながら、トゥルーリは無線の指示に従ってタイヤの温度を調整し、最終コーナーに戻ってきた。そして、ステアリング上にあるスロットルのダイヤル

を「ＢＯ」と書かれたバーンアウトポジションから、「ＬＣ」と表示されたローンチ（発進）ポジションに切り替えて2番グリッドに着いた。

マクラーレンとの死闘

レッドランプが点灯し、ブラックアウト。日本ＧＰの決勝レースがスタートした。トゥルーリのスタートは悪くなかったが、時速１００㎞を過ぎてからＫＥＲＳパワーを作動させたハミルトンの加速は群を抜いていた。トゥルーリはひとつポジションを落として、３番手で1コーナーを通過していった。

竹内は「燃費でメルセデス・ベンツを逆転できる」と諦めてはいなかった。スタート時のハミルトンの車重が６５６kgであるのに対して、トゥルーリは６５５kgとトヨタのほうが1kg軽い。にもかかわらず1回目のピットストップはトゥルーリのほうがハミルトンより1周遅かった。これでトヨタはマクラーレン陣営の作戦を確認して、1回目のピットストップでトゥルーリにハミルトンを逆転できるだけの燃料を搭載。1回目のピットストップで逆転できなかったが、トゥルーリがハミルトンとの差を3秒以内に保てば、2回目のピットストップで逆転可能だった。

しかし、前年2008年のチャンピオンであったハミルトンは、簡単にはギャップを詰めさせてはくれない。トゥルーリが差を詰めれば、次の周はハミルトンがトゥルーリより速いラップタイムを刻んでその差を再び広げ、さらに次の周でトゥルーリが差を縮めると、またハミルトンが広げるという展開となった。1回目のピットストップを終えてからのトゥルーリとハミルトンの戦いは、まさに手に汗握る熱戦となった。

戦っていたのはドライバーだけではなかった。両チームのエンジニアたちも、テレメトリーで送られてくるデータを見ながら、自分たちの戦略を履行するためにドライバーたちに檄を飛ばしていた。

「ルイス、このままじゃ、負けるぞ。2位をキープするためには、ヤルノとの差をあと1秒広げる必要がある」と、マクラーレン・ハミルトンのレースエンジニア。

「ヤルノ、いいか、ルイスとの差は3秒以内。それ以上広げられると逆転できないぞ」と、トヨタ陣営ではトゥルーリのレースエンジニアが指示を出す。

レース中盤、2台はまるで予選アタックのような速いペースでラップを続け、多くの観衆が2台の2秒から3秒差の攻防を見守っていた。トゥルーリはスピードをもっと上げられるのだが、ハミルトンとの差が2秒まで縮まると、コース前半区間でハミルトンのマシーンが引き起こす乱流を受けてしまい、抜きあぐねていた。空力にシビアに設計されている現在の

F1は、前車の起こす乱れた気流のなかでは所定の効果が発揮できないため、スピードが落ちてしまう。

37周目、予想通りハミルトンが2度目のピットイン。このとき、ハミルトンとの差は3・1秒だったが、トゥルーリはハミルトンが目の前から消えると、38周目に自己ベストとなる1分33秒152を叩き出して、一気にスパートに出た。

この作戦はうまく行ったかに見えた。ところが、ソフトコンパウンドのニュータイヤを装着したハミルトンは、ピットアウトしたその周に驚異的なペースで走行し始めた。それを見たトヨタは、まだ燃料が残っているにもかかわらず、急遽、無線でトゥルーリに予定よりも早い39周目のピットインを指示した。トヨタはドライバーだけでなく、エンジニアたちも古豪マクラーレンのお株を奪う、最高の仕事を行なっていた。

ピットインする39周目にも、トゥルーリはハミルトンのインラップよりコンマ5秒速いラップタイムを刻んでピットロードへステアリングを切った。そして、待ち受けていたピットクルーも完璧なピットワークでトゥルーリを送り出すことに成功。トゥルーリは、40周目の1コーナーにハミルトンを押さえて先に飛び込んだ。それは、8年間のF1の戦いで、トヨタが初めてマクラーレン&メルセデス・ベンツと真っ向勝負を行ない、逆転勝ちを収めたレースだった。

マクラーレン・メルセデスのハミルトンを押さえ、トヨタのトゥルーリが表彰台を獲得した。

妻への告白

レース後、トヨタのガレージの前では、表彰台を獲得したときの恒例となっている集合写真の撮影会が行なわれた。メカニックやエンジニアたちが作る輪の中に、2位のトロフィを手にしながらトゥルーリ、山科とともにやってきたのは、社長の豊田章男だった。最前列の中央に座ったトゥルーリの左隣に座った豊田は、満面の笑みでトゥルーリを祝福し、チームスタッフ全員を称えた。

「本当にいいレースを見せてもらいました。みんなよく頑張ったと思います。ありがとうございます」

社長が見守るレースで最高のレースを披露できたことに、トヨタのチームは皆、沸いていた。トゥルーリの右隣に座った山科の目は赤く濡れていた。それは日本のチームとして日本GPで初めて表彰台を獲得したことだけが理由ではなかった。

チームがこの後、木下らによってMBOされて、自分はチーム代表から降りることが決まっていたからである。トヨタF1のチーム代表として、最後の日本GP。だから、山科はチームのスタッフと何度も抱き合い、握手をかわした。

その山科に代わって、トヨタのF1活動を引き継ぐ形となっている木下にとっても、この2位表彰台は格別の思いだった。集合写真の輪の後方に立って、成長したチームを見て、あらためて自分がMBOを決断したことに間違いはなかったと確信した。そして、その木下に初めてグランプリに招待された妻と娘は大喜びしながら、帰宅の途に着いた。

その後、裾野の自宅に帰った木下は、初めて妻にMBOの件を告げた。

「トヨタはF1をやめる。けれども、いまF1をやめる訳にはいかない。だからトヨタを辞めて、会社を買うかも知れない」

妻は黙っていた。木下はさらに続けた。

「でも、4年後には倒産すると思う。それでもいいいか」

木下がすべてを話すと、ようやく妻は返答した。

「お父さん、私には話が大きすぎて、わからないわよ。だから、お父さんの好きなようにすればいいよ。私は何があっても付いていくから」

ただ、ひとつだけ条件をつけた。

「自分はどんな貧乏にも耐えられるけど、娘にだけは普通の生活をさせてね」と。

木下はだまってうなずいた。そして妻に感謝するとともに、自分がいま人生で岐路に立っていることを実感せずにはいられなかった。

第10章
可夢偉デビュー

MO

可夢偉、デビュー

トヨタはＦ１挑戦から８回目にして、初めて母国ＧＰの表彰台に上がった。喜びに沸くスタッフの輪の中に、本来いるべきふたりのドライバーの姿はなかった。

グロックは母国ドイツで精密検査を受けるために、スタート直後にサーキットを後にし、可夢偉はＧＰ２の合同テストへ参加するため、ヨーロッパへ向けてすでに旅立っていた。

可夢偉が２０１０年に向けて新しいチームでＧＰ２のテストを行ない、トップタイムを記録するなど好調な走りを披露していたころ、医師による精密検査を受けていたグロックには脊椎の損傷が見つかった。医師の判断を受けて、チームはグロックのブラジルＧＰへの参加を見合わせ、代役として可夢偉を出走させるという決定を下した。

この決定を、ＴＤＰ（トヨタ・ヤング・ドライバーズ・プログラム）でマネージャーを務める有松義紀は特別な思いで受け取った。有松は、ヨーロッパでレース活動を行なう４人のドライバー（F1／中嶋一貴、GP2／小林可夢偉、ユーロF3／ヘンキ・ワルドシュミット、アンドレア・カルダレッリ）をサポートしていた。有松は1998年と99年に高木虎之介のマネージャーを務めていた人物で、ドライバーの資質を見抜く目には定評があった。

2007年から08年にかけて、TDPはヨーロッパに3人の日本人ドライバーを送り込んでいた。一貴と可夢偉、そして平手晃平である。

このうち、可夢偉は、2008年にF1への登竜門となっているGP2シリーズに参戦したものの、結果はシリーズ16位と期待はずれに終わっていた。さらに2008年シーズン終了後に訪れた世界不況も影響して、TDP計画も大きく見直されようとしていた。

そうした苦しい環境のなかで、有松は「ここで可夢偉の才能を潰してしまうわけにはいかない」と周囲を説得し、なんとか2009年のGP2シリーズの前哨戦であるGP2アジアシリーズへの参戦を取り付けることに成功した。可夢偉もこの有松の努力に応えてアジアシリーズを制覇。これを見てトヨタは、可夢偉の2009年のGP2シリーズ参戦にゴーサインを出す。

ところが、そのGP2で可夢偉は大不振に陥ることになる。理由は2009年からエンジンが軽量化されたことにあった。この変更によって、マシーンの荷重バランスの調整幅が広がったが、対照的にライバルより小柄な可夢偉にとってはデメリットとなった。エンジンが軽くなった分、バラスト（重り）の量が増やされたが、ＧＰ２シリーズのレギュレーションではバラストを搭載できる範囲がコクピット前のフロアと限定されていたため、体重の軽い可夢偉にとってはフロント寄りの重量配分となり、マシーンバランスに苦しむこととなった。

Ｆ１であればバラストの搭載位置は自由なので、大柄のドライバーは体重を減らす努力を行なうことが多い。だが、身長１６８cm、体重57kgの可夢偉は、重量配分がフロント寄りになりすぎないよう、２００９年は約５kg体重を増やしていた。

有松は、そういった事情を熟知していたので、２００９年のＧＰ２でなかなか結果を出せなくても可夢偉をしっかりとフォローしていた。しかし、Ｆ１スタッフにそこまで細かい状況を理解させるのは簡単ではなく、可夢偉が9月に1勝もできずにＧＰ２シリーズを終えたとき、彼の２０１０年のＦ１昇格の可能性はほとんど消えていた。

なんとか２０１０年も可夢偉をＧＰ２シリーズに留めさせようと、新しいチームでテストさせていた有松にとって、グロックの代役として可夢偉がＦ１に出場できるようになるとは、まったく予想していなかった形だった。

8年前の十勝

有松がこれを予想だにしていなかったことは、10月16日から始まったブラジルGPへの遠征に彼の姿がなかったことでもわかる。ブラジルGPの前後にヨーロッパでTDPのふたりのドライバーが参戦しているユーロF3への帯同が決まっていた有松は、ヨーロッパに留まった。有松が不在とはいえ、2年間テストドライバーを務めてきた可夢偉にとって、トヨタのF1チームは我が家のようなもの。ほかにもチーム内には可夢偉をサポートし続けたスタッフがおり、彼らがしっかりと可夢偉のF1デビューを支えていた。

その中で、ブラジルGPが行なわれていたインテルラゴス・サーキットで可夢偉のF1デビューを、シャシー部門のシニアエグゼクティブコーディネーターの永島が感慨深げに見守っていた。永島は日産自動車から2000年にトヨタに移籍した直後から、トヨタの若手育成プログラムを見守ってきたが、彼には忘れられない記憶があった。

8年前の2001年、晩秋の十勝スピードウェイで開催されたフォーミュラ・トヨタ・レーシングスクール（FTRS）のスカラシップドライバーを選定する模擬レースで、永島の目は小林可夢偉という少年に釘付けとなった。

模擬レースで講師たちが評価するのは、レースの結果だけでなく、マシーンをセットアップしていくアプローチ、レースへの取り組み方など、レーシングドライバーとして成長する可能性をどれくらい秘めているかだ。可夢偉は光る走りを披露したものの、トップでフィニッシュすることはできなかった。

レース後、結果に一喜一憂している受講生たちから離れ、可夢偉はコクピットを降りると、ひとりピットレーンの先頭に停まっているマシーンへと歩き出し、トップでチェッカーフラッグを受けたマシーンのタイヤをじっと観察しはじめた。そんなことをする少年を、永島は未だかつて見たことがなかった。そして、可夢偉に大きな期待を抱いた。

渡辺前社長のお守り

それから8年の歳月が流れ、ともにトヨタのF1チームに所属し、自分のチームのレーシングウェアを着て、自分たちがデザインしたF1マシーンに乗り込もうとしている可夢偉を見て、永島は熱くなった。そして、有松が帯同していないということもあり、永島は可夢偉のサポートを積極的に行なった。

可夢偉にとって、F1デビュー戦となったブラジルGPは不安定な天候が続いた。初日は小雨が時々降り、2日目は完全なウェットコンディション。しかも予選は赤旗が出て1時間以上も中断されるなど、デビュー戦の可夢偉には難しいコンディションとなった。それでも可夢偉は予選で11番手につけ、レースではポイント獲得も夢ではないポジションからスタートすることとなった。

ところが、レース前のダミーグリッドで、可夢偉はタイヤのマネージメントに頭を悩ませていた。彼がトヨタのテストドライバーとなったのは２００８年だが、当時のＦ１は溝付きタイヤだった。スリックタイヤとなった２００９年は、シーズン中のテストが禁止され、テストドライバーの可夢偉がＴＦ１０９を本格的にドライブしたのは雨のシェイクダウンテストとなったアルガルベと、３月のヘレスだけ。さらにこのブラジルＧＰでも金曜日と土曜日は雨が降り、完全なドライコンディションで走るのは、日曜日のレースが初めてとなった。

レコノサンス・ラップ（reconnaissance lap：ピットがオープンになってグリッドに着く周回）を走ってグリッドに着いた可夢偉は、コクピットから降りるとそばにいた永島に歩み寄り、「金曜日より、少しオーバーバー（ステア）になっている感じがするんですけど……」と言った。

「路面コンディションは昨日までと違っているし、レース中もどんどん変化していくから、あまり気にしないほうがいい。それより、思い切ってレースしなさい。それでタイヤがタレてオーバーが出るようだったら、そのとき対応すればいい」と永島は答えた。

「わかりました」と返事した可夢偉の元に、４カ月前にトヨタ自動車の社長の座を退いていた渡辺が激励に駆けつけた。渡辺は大切に握りしめていたお守りを可夢偉に渡し、「これを握りしめて念じなさい。きっと願いは叶うから」と告げた。

渡辺が手渡したのはブラジルで購入した水晶だった。渡辺が継続を決めたF1活動。そのシートにトヨタが8年前から育ててきた23歳の若者が乗り、世界最高峰のレースに出ようとしている。渡辺が可夢偉に期待を寄せるのも無理はなかった。そして、可夢偉は応援に駆けつけた渡辺の前で、永島に指示されたとおり、思い切ったレースを披露する。

マン・オブ・ザ・レース

ブラジルGPは、トヨタのF1マシーンに日本人ドライバーが乗ってスタートする初めてのレースとなった。しかし、その決勝レースはスタート直後にトヨタのマシーンが他車と絡んでクラッシュする波乱の幕開けとなった。トゥルーリがエイドリアン・スーティル（フォース・インディア）と接触し、1周もせずにリタイア。これでトヨタは可夢偉だけとなってしまった。

だが、その可夢偉が魅せた。タイトルに王手を掛けてブラジルGPに臨んでいたジェンソン・バトン（ブロウンGP）と、レース序盤に激しいバトルを演じる。8周目の1コーナーから開始されたふたりのバトルは、23周目の1コーナーでチャンピオンシップリーダーのバトンがインに飛び込んだときに終わったかに思えた。しかしインを差したバトンがブレーキングでわずかにミスすると、可夢偉はすかさずラインをクロスさせて、ポジションを奪い返した。その瞬間、ガレージ内は待機していたメカニックたちの歓声に包まれた。

それを傍らで見ていたハウエットは複雑な思いになった。なぜなら、ハウエットはシーズン中、有松と永島から「可夢偉がGP2で成績が出せないのは、ドライバーのせいではなく、突然変更された新レギュレーションとそれに対応できないチーム（ダムス）にあるから、チャンスがあればF1に昇格させてほしい」と懇願されていたからだ。

ハウエットはそのときの感情をのちに次のように語っている。

「若手の育成には、時として思い切った起用が必要だということを、可夢偉の走りを見て学んだ」

その後、可夢偉はレース前に抱いていた不安が的中し、タイヤをロングランでうまく使いこなすことができずに後退していき、最終的に9位でレースを終えた。だが、そんな事実を忘れさせるほどのインパクトを、トヨタだけでなくF1界に与えた。ヨーロッパのあるウェブサイトには、読者の投票によってそのレースでもっとも光ったドライバーを決定する「マン・オブ・ザ・レース」というコーナーがある。ブラジルGPでは可夢偉が選ばれた。表彰台に上がらなかったドライバーが選出されたのは可夢偉が初めてのことだ。それほど、可夢偉の走りは多くの人々を魅了した。

見つかった1ピース

相手がだれであっても、コース上では全力で戦うという可夢偉の姿勢はＴＭＧのスタッフのモチベーションを高めるのに貢献した。そして、最終戦アブダビＧＰにもトヨタはモディファイした空力パーツを投入し、最後まで戦う姿勢を貫いた。

その最終戦で、進化したＴＦ１０９に乗ろうとしていたのがグロックだった。だが、チームはグロックの起用に慎重だった。理由は、鈴鹿の日本ＧＰで、高熱を出して金曜日を欠場し、完調でなかったにもかかわらず土曜日に強行出場することを許した結果、予選でクラッシュを喫したことにあった。２週間の休養を経て、グロックの脊椎はＦ１をドライブするまでに回復していたが、もし今度同じダメージを負った場合、彼は二度とレースができない体になってしまう可能性があった。

こうした経緯からトヨタはグロックの起用を見送り、再びリザーブドライバーの可夢偉をレースへ出場させる決定を下した。その知らせを可夢偉はＴＭＧにいるときに聞いた。ブラジルからパリの自宅に帰った可夢偉は、スーツケースの着替えだけを詰め替えると、すぐさ

スタッフとレースの打ち合わせをする小林可夢偉。

まケルンのＴＭＧにやって来ていた。その理由は、ブラジルＧＰでの自分の走りに納得がいかず、エンジニアたちとミーティングするためで、アブダビＧＰへ出場することがわかっていたからではなかった。

可夢偉のために、バセロンはレース、データ、そしてストラテジー（戦略）などの各担当エンジニアに連絡を取り、必要なデータをそろえてミーティングを開催した。

実のところ、バセロンもハウエットと同様に、当初は可夢偉のＦ1昇格には消極的だった。ほかにも可夢偉の実力を過小評価していたスタッフは少なくなかったが、ブラジルＧＰでの快走によって、もはやＴＭＧ内に彼の実力を疑う者はいなかった。むしろコンマ1秒でも速く、1つでも前のポジションを狙おうとする可夢偉に自分たちの夢を託そうと、ミーティングにも積極的に協力し、微に入り細にわたったアドバイスを送った。

「トヨタはいま、可夢偉を中心にチームがひとつになろうとしている」

それをサーキットでも、ＴＭＧに帰ってきてからも肌で感じていた木下は、ようやく欠けていた最後のピースを見つけた思いだった。実はＭＢＯを行なって２０１０年のＦ1を新しい体制で戦おうとしていた木下の構想の中に、トゥルーリとグロックの名前はなかった。それは２００９年ほどトヨタの首脳陣がドライバーの力量差を実感した年はなかったからだった。

確かにTF109はナンバーワンのクルマではなかった。シーズン序盤はブロウンGPのBGP 001に屈し、中盤からはレッドブルのRB5に先を越された。しかし、マクラーレンとフェラーリがそれぞれ1勝していることを考えると、トヨタが1勝ぐらいしていても不思議はなかった。最大のチャンスだったバーレーンとベルギーで、ドライバーがもう一踏ん張りしてさえくれればトヨタは勝てた、そんな思いが募るのだ。さらにすでに開発がスタートしていた2010年用のマシーンTF110は、TF109を上回る性能が見込まれていた。2010年こそ、どうしても勝てるドライバーが必要だと木下は考えていた。

ところが、MBOを行なうという決定がなかなか下されなかったため、木下はドライバーとの交渉を始めることができないでいた。そして、すでにシーズンは残すところ、あと1戦。勝利を手にできそうな力のあるドライバーは皆、シートを確定していた。そこに現れたのが可夢偉だった。

乗り越えられなかった壁

だが、トヨタ自動車は最終戦を前にして、木下とハウエットによって準備が進められてきた、MBOという道を選択肢から外す決定を下した。木下がレース人生を賭けて提案したM

ＢＯ計画の前に、日本の商慣習、経営に関する倫理的問題という乗り越えることのできない壁が立ちはだかった。

木下は次のように述懐する。

「もし、私とジョン（・ハウエット）がＭＢＯするとしたら、私たちには資金がないので、トヨタから無償に近い形でＴＭＧを譲り受けなければなりませんでした。でも、そういう方法を日本の会社では倫理上、よしとしないのです。仮にＴＭＧの資産価値が２００億円だとして、私たちがそれを無償で受け取ったとしたら、日本の税法上、そこには贈与税がかかるでしょう。日本では贈与税がかかるような行為を企業が行なうことは嫌がるのです。さらに贈与税がかかった場合、私とジョンにはそれを支払う資金がありませんでした」

木下自身も、本社がそう判断することを恐れていた。だから最終的な決定が出るまで、どのようにすればＭＢＯを成功させることができるのか、ロス・ブロウンに相談したくてならなかった。ブロウンはホンダからチームを事実上無償に近い形で譲り受けていたからだ。トヨタ本社は撤退の方向で話を進めつつ、一方で継続のためのさまざまな選択肢も模索していた。そんなとき、木下がライバルチームのオーナーやライバルメーカーであるホンダにＭＢＯの相談をすれば、「トヨタ、Ｆ１撤退」という噂が流れかねない。その事態は避けたかった。

木下は何度も受話器を取っては、そのまま置いた。

結局、まとまりかけていたＭＢＯはご破算となった。

しかし、本社は粘り強く、Ｆ１活動を継続するという道を再度模索し始めた。条件は予算を大幅に縮小することだった。具体的には、年間予算を最盛期の10分の1程度に相当する数十億円に抑えて、新コンコルド協定にサインした２０１２年までＦ１活動を続けようというものだ。まだ継続の可能性はわずかながら残された。

ブラジルＧＰから日本に帰国していた山科は、最終決定ではないものの、再びＦ１継続の道が開かれた夜、自宅で久しぶりに酔うまで酒を飲んだ。

ところが、翌日会社へ行くと、話は再び白紙に戻っていた。

「これから、どうなるのか？」

山科にも、まったくわからなかった。そのような状況のなか、山科は最終戦の舞台である中東のアラブ首長国連邦の首都、アブダビへと旅立った。

高橋への電話

山科が日本を発ったころ、日本とは7時間時差があるドイツにいた木下は、高橋敬三と連絡を取っていた。高橋は木下の後任としてモータースポーツ部長に着任、木下とはＣＡＲＴ

時代から仕事をともにしてきた人物であった。木下が２００４年にモータースポーツ部長となったとき、高橋はテクニカルコーディネーターとしてＦ１チームに参画していた。そして、２００５年に木下がＴＭＧの副社長になると、ともにＴＭＧで仕事に着き、トヨタが初めて表彰台に立ったマレーシアでは喜びを分かち合った同志である。

高橋はモータースポーツ部長として、普段は静岡県裾野市の東富士研究所で仕事をしていたが、トヨタのＦ１活動が大きく揺れ動いた10月下旬は愛知県豊田市の本社へ足繁く通った。いつ、どのような決定が下されてもモータースポーツ部長として対応できるように、担当役員から情報を入手するためだ。木下が連絡を入れたのもそれが理由だった。

高橋に連絡した時点では、本社は再び継続する方向で話を進めていた。木下はドイツを出る直前、高橋に「アブダビに到着したら電話します」と約束を交わしてＴＭＧを発った。だが、飛行機に乗る前、木下は嫌な予感がしていた。10月27日に発表されたホンダの業績見通しがその原因だった。ホンダは７月にも７００億円の黒字と発表していたが、今度はそれを大幅に上回る１９００億円の黒字へと躍進に転じたのだ。トヨタも販売増と景気回復を受けて業績を大幅に上方修正できる見込みだったが、ホンダとは明らかに異なり、依然として３０００億円以上の赤字が予想されていた。本社がそれを意識しないわけはなかった。そして翌日の10月28日、トヨタはＦ１活動に関する副社長会議を開催した。副社長会議は会社としての最終決定機関ではないが、方向性を定める重要な位置づけとなっていることは、高橋も木下も充分に承知していた。

28日にアブダビに到着した木下は、高橋の携帯に電話を入れた。

「どうでしたか？」

「残念ですが、撤退へ反転しました」

会社で木下からの電話を待っていた高橋は、噛みしめるように答えた。

空港の荷物受け取りフロアで、その報告を聞いた木下は「そうですか」と力のない返事をすると電話を切って、しばらく呆然と立ちつくしていた。

7月に一時帰国したときに山科から撤退の話を聞いたのも携帯電話だった。それから3カ月あまり、F1を続けるため、TMGを救うためにあらゆる手段を講じてきた木下だったが、ついに力尽きた。そしていま最後通告ともいえる知らせも携帯電話で聞いた。

しばらくして、ターンテーブルに自分のスーツケースが流れてきたが、木下にはそれを取る気力も起きなかった。

それを遠巻きに見ていた永島とバセロンは、木下が誰に電話をし、なにを確認していたのかを知っていた。早く木下のところに歩み寄り、答えを確認したかった。だが、携帯から伝えられた言葉を察したふたりは、木下に聞くことができなかった。

こうして、木下らトヨタF1チームは最終戦アブダビの地に足を踏み入れた。最後の戦いに挑むために……。

タイヤの使い方

3月27日にオーストラリア・メルボルンで開幕した2009年のF1は、あと1戦を残すだけとなった。

最終17戦の舞台となったのは、2009年からF1グランプリのカレンダーに名前を連ねることになったアラブ首長国連邦の首都、アブダビだ。通常、グランプリの名前には国名が冠されるが、アラブ首長国連邦は7つの首長国から構成される連邦国家で、その1つにアブダビ首長国があるため、その名称が付けられている。

中東でのF1は2004年から開催されているバーレーン以来、2カ国目の開催となる。サーキットはバーレーンのように砂漠の中に建設されたものではなく、ヤス島内に建設中のテーマパークに隣接しており、コース脇のマリーナには、グランプリ期間中には多くのクルーザーが停泊している。また、サーキット内には、1泊50万円もするプレジデンシャルスイートルームを兼ね備えた五つ星の超高級ホテルが建てられている。2009年のF1グランプリ最終戦は、世界中からセレブリティーたちが集う中で、10月30日に開幕した。

この華やいだ雰囲気の中、しかしトヨタのホスピタリティルームには独特の空気が流れていた。木下はアブダビ空港に到着してからというもの、ずっと沈黙を続けていた。バセロンは、もっとも親しい日本人エンジニアである永島に最終的な決定について何度も尋ねたが、そのたびに「オレも聞いていないんだよ」との答えが返ってくるばかりだった。

永島も、木下が日本にいる高橋からどんな返事を受けていたのか直接聞いて確認したい気にならないわけはなかったが、サーキットに到着して、頭はすでにコース外の戦いからコース上での戦いに切り替わっていた。

もうひとつ、永島が目の前の戦いに集中していた理由は、可夢偉の存在であった。

「もし、トヨタが2009年限りでF1から撤退することになったら、これが可夢偉とともに戦う最後のレースになる」

永島は自分が持っている術をすべて使って、現場で可夢偉をサポートするつもりでグランプリに取り組んでいた。その中でもっとも永島が神経を使っていたのが、可夢偉にタイヤの使い方をどのように改善させるかだ。永島が救いを求めた相手は、ブリヂストンの浜島裕英MS・MCタイヤ開発本部長だった。

浜島への質問

アブダビに入ってからというもの、永島は浜島に何度も電話をかけ直しつづけていた。グランプリの週末に入ると、レース関係者は極めて多忙になる。現在のF1は、ブリヂストンのワンメイクであるため、特に全チームとコミュニケーションを取らなければならないブリヂストンの浜島はなかなかつかまらなかった。

一方、可夢偉はブラジルGPでの快走によって、一躍、日本だけでなく欧州のメディアからの注目度が高まり、アブダビGPでは木曜日から取材やインタビューでスケジュールはいっぱいだった。結局、グランプリ前日に行ないたかった浜島とのミーティングは、木曜日には実現できなかった。

永島がようやく浜島とコンタクトを取ることができたのは、金曜日の昼だった。アブダビGPはレース開始時間が夕方の5時というトワイライト・イベントとなっていたため、金曜日からの各セッションもそれに合わせて時間がずらされていた。そのため、最初のセッションとなった1回目のフリー走行のスタートは午後1時だった。ようやくその隙間となる金曜日の昼に、トヨタのチームホスピタリティでランチを取りながら浜島と会うことができた。

可夢偉は開口一番、「F1のタイヤって、どんな風に作られているんですか」と問うた。

浜島にとっては基本的すぎる質問だ。だが、タイヤをうまく使うためにブリヂストンのエンジニアと真剣に向き合って考えようとするドライバーは、F1界には意外なほど少ないことを知っていた浜島は、この素朴とも思える質問に丁寧に答えた。

実際、定期的に行なわれるブリヂストンのエンジニアとチームとのミーティング以外に、浜島の元を自主的に訪れたドライバーは過去にふたりしかいなかった。ひとりはミハエル・シューマッハー、もうひとりはセバスチャン・フェッテルだ。各チームと平等に仕事を行なわなければならないため、浜島が自主的にドライバーへアドバイスを送ることはできないが、ドライバーから問われれば、ライバルチームの情報以外は、遠慮なく自分が持っている知識や経験などを伝えていた。

可夢偉に対しても、シューマッハーとフェッテルに行なったときと同じように、浜島は懇切丁寧にブリヂストンF1タイヤの特徴を説明し、どのようにすればうまくグリップ力を発揮できるかなど、メカニズムを通して解説していった。浜島からの説明を聞いた可夢偉は、ブラジルGP後にTMGで見たデータ、そしていくつか用意していたタイヤをうまく使うための方法の中から、「これが答ではないか」と思うものを取捨選択し、フリー走行で試した。

撤退の通知

10月30日金曜日、太陽が容赦なく地面に照りつけるなかで始まったフリー走行1回目。可夢偉の順位は20人中19位だった。だが、可夢偉は順位などより、ブリヂストン製タイヤへの理解を深めるため、いくつか試したかったことを90分間のフリー走行で行なうことに集中した。そして夕方5時からスタートしたフリー走行2回目で、1回目のデータを元に自分の中で走りを再構築して臨み、可夢偉はなんと5番手のタイムを刻んだ。

この結果を見た永島は、あらためて可夢偉の適応力の速さに驚いた。同時に、可夢偉とならいいレースができるとの期待を高めた。

だがそんな矢先、沈黙を貫いていた木下がついに重い口を開き、「今シーズン限りで撤退する」と永島に告げた。木下はこれまで自分を支えてきた数人のエンジニアに、水曜日に携帯電話で受け取った本社の方向転換の報を伝えた。永島は複雑な気持ちだったが、可夢偉には悟られることがないよう努めて平静を装った。そして最後の予選が始まった。

太陽が大きく西に傾いて空が緋色に染まるなか、完成したばかりの5・554㎞のヤス・マリーナ・サーキットはカクテル光線で照らされ光り輝いていた。土曜日午後5時、アブダビGPの公式予選がスタートした。この予選でドライバーたちを悩ませたのはタイヤの使い方だった。

アブダビにブリヂストンが持ち込んだタイヤは、ソフトとミディアムの2種類。ブリヂストンが２００９年に供給したタイヤはスーパーソフト、ソフト、ミディアム、ハードの全部で4種類がある。スーパーソフトとソフトは低温状態でもグリップ力を発揮できるタイヤの特性があり、ミディアムとハードは逆に高温状態でもグリップ力を維持し続ける特性をもつ。すなわち、スーパーソフト、ソフト、ミディアム、ハードという分類は路面の作動温度領域による順に並べたものだ。しかしコンパウンド（タイヤに使用するゴム）自体は、名前に反してミディアムのほうがソフトより軟らかい。ゴムの軟らかい順に並べるとスーパーソフト、ミディアム、ソフト、ハードという順番になる。このソフトとミディアムが分類によって入れ替わる複雑さに、この後、多くのドライバーが悩むこととなった。

可夢偉の提案

予選1回目、最初にソフトタイヤを履いてアタックに出た可夢偉は、早々にこのタイヤではタイムが出ないと判断し、ピットインしてミディアムタイヤに交換。この時点で可夢偉のタイムはトップから約3秒遅れの18番手だった。予選2回目に駒を進めるためには15位以内に入らなければならない。可夢偉は2度目のコースインに賭けていた。しかし、ミディアムタイヤのコンパウンドは、ソフトタイヤよりも軟らかいが、温まりにくいという特性がある。そこで可夢偉は4周連続アタックを行なう作戦に出る。この作戦は見事に功を奏し、最後のアタックでしっかりとベストタイムを刻み、12位で予選2回に進出した。

ところが、予選2回目では最後のアタックでペースが上がらないハイメ・アルグエルスアリ（トロ・ロッソ）に進路を塞がれ、順位を上げられず12位のまま予選を終えた。

2009年のレギュレーションでは、予選で11位以下のドライバーは、予選終了後、2時間以内にレーススタート時の車重を申告しなければならない。したがって搭載する燃料を決定しなければならならず、可夢偉はエンジニアとミーティングに入った。通常、11位以下に終わったドライバーは燃料を多めに積んで、少ないピットストップ作戦を取る。しかし、ブリヂストンがアブダビに持ち込んだソフトタイヤは、アブダビの高い気温の下で長い周回を走らせるにはリスクが伴うため、エンジニアは2ストップ作戦にしてソフトタイヤは最後に少しだけ使用する作戦を進めた。

しかし、この提案に首をひねった可夢偉は「1ストップで行かせてください。絶対にポイントを取りますから」と提案した。

可夢偉の作戦はこうだ。自分よりもひとつ前のポジションからスタートするキミ・ライコネン（フェラーリ）は週末、タイヤの温まりに苦しんでいたから、1ストップでくるはず。入賞しようとして可夢偉が2ストップ作戦を取ると、2度ライコネンを抜かなければならないことになる。それなら、ライコネンと同じ1ストップ作戦を取ってスタートでライコネンを抜き、その後は2ストップ勢に付いていくようにすれば、ライコネンには2度と出くわさない。さらに、前を走る2ストップ勢のドライバーが2回目のピットストップを行なっている間に入賞圏内に入ることができる。

ただし、これを遂行するためには問題がひとつだけあった。レースの約半分を使用することとなるソフトタイヤでの走行で、ペースダウンしないことだった。ブラジルGPからの反省をもとに、金曜日にさまざまなタイヤの使い方にトライしていた可夢偉には、自信があった。

「タイヤのことは、任せてください」

最終的に作戦を決定するのは、現場でエンジニアたちを束ねているバセロンだった。バセロンは元々ミシュランタイヤのエンジニアでもある。ソフトで1ストップを遂行するのが、いかに難しいかわかっていた。しかし、ブラジルGP後からアブダビGP金曜日までの可夢偉のタイヤに対するアプローチと実際の走りを見ていたバセロンは、可夢偉の1ストップ作戦を許可した。

バセロンには、ひとつの期待があった。

「コイツはただモノじゃない。このレースでもきっと何かやってくれるかもしれない。もし、このレースで良い成績を挙げることができれば、撤退へ限りなく近づいている現在の状況をひっくり返せるかもしれない」

10月31日、最終戦の決勝レースを翌日に控えたヤス・マリーナ・サーキットは、哀愁が漂っていた。すでに2009年限りでF1からの撤退を発表しているBMWが、レース関係者を招いて「フェアウェルパーティ」を催していたからだ。チームの垣根を越えて、多くのグランプリ関係者がBMWザウバーのチームホスピタリティに集い、別れを惜しんでいた。そのパーティを横目に見ながら、永島はサーキットを後にした。永島の心にもバセロンと同じ思いがあった。

「明日は、可夢偉に最高のレースをやってもらいたい。そして、もしそれが実現したら何かが変わるかもしれない」

第11章 最後のレース

TOYOTA

惜別のスターティンググリッド

11月1日、日曜日。アブダビは前日と同じように青空が広がっていた。その中心にあった太陽が大きく西に傾き始めた午後4時半、ピットレーンが開放され、ドライバーたちが自らのスターティンググリッドを目指して続々とコースインしていった。

最終戦のスターティンググリッドはいつも独特の雰囲気に包まれる。トゥルーリの斜め後ろからスタートするロバート・クビツァは、数え切れないほどのサインが書き込まれたヘルメットでダミーグリッドに着いた。サインは前夜のフェアウェルパーティでチームスタッフが寄せてくれたものだった。そのころ、トヨタのグリッドでもメカニックたちが、最終戦ということで一年間の労を互いにねぎらいながら、仲間たちと記念撮影をしていた。

そのスタッフたちを優しいまなざしで見つめていたのが山科と木下だった。レースまで30分を切ったこの時間帯は、レース関係者にとってもっとも忙しく緊張するときだ。メカニックたちはスタートまでの準備に余念がなく、エンジニアたちはライバルたちのマシーンを偵察するため、目を光らせながらグリッド上を歩き回るのが常である。

しかし、山科と木下はトヨタのマシーンが停まっている6番グリッドと12番グリッドを往復するだけだった。それはまるでグリッドに立ってチームスタッフたちと同じ空気を吸おうとしているかのようであり、最終決定は出されていないものの、「これが最後のF1」だという覚悟で臨んでいるようでもあった。

日本人のトップマネージメント2人がトヨタの2人のドライバーを激励しているころ、永島は可夢偉のグリッドにとどまっていた。アブダビには有松も帯同していたが、有松はグリッドには入らなかったため、永島が可夢偉のグリッドへ向かい、スタート前のダミーグリッドに着いた可夢偉を笑顔で迎えていた。

スタートまで10分を切ってチーム関係者以外がグリッド上から姿を消してから、バセロンが可夢偉の元へやってきた。

「トヨタの来年のバジェット（予算）は、おまえにかかっているからな」と言った。

すでに木下から撤退の話を聞いているバセロンだったが、まだあきらめてはいなかったし、なにより目の前に現れた活きのいいルーキーと共にレースを戦うことに喜びを感じていたのだった。

夕闇迫るサーキットで最後の戦いに臨む山科。

そして、時計の針は午後5時を指し、最後のフォーメーションラップがスタートした。

スタート直後の駆け引き

夕闇が迫るヤス・マリーナ・サーキットで、フォーメーションラップを走りながら可夢偉が考えていたことはただひとつ、このレースでポイントを取ることだった。

「デビューレースとなったブラジルでは、結果はともかく瞬間的にいい走りをしただけでも評価されたけど、今回は結果が求められる」

可夢偉にとっては、デビューレースとなったブラジルGPのときよりも、プレッシャーは大きかった。そして、可夢偉がアブダビGPのレースで入賞するための絶対条件は、スタートで斜め前からスタートするライコネンを抜くことだった。前日の予選後に発表された車重で、ライコネンは予想通り692kgと1ストップで走りきれるだけの燃料を搭載してきたからである。

「スタートでライコネンの前に出ないと、2ストップ勢に逃げられてしまう。でも、ライコネンにはスタートダッシュに有効なKERSが搭載されている……」

ライコネンの後ろをタイヤを温めながら走る可夢偉は、ゆっくりと6列目イン側のスターティンググリッドについた。

スタートの瞬間、可夢偉の反応は良かった。しかし路面のグリップレベルに対してクルマの反応が芳しくなく、時速100㎞に達するまでのタイムが想定よりもコンマ2秒遅かった。ライコネンのスタートも最高ではなかったが、決して悪くはなく、この段階で可夢偉はまだライコネンの斜め後ろにいた。

時速100㎞に達するとKERSパワーが使用可能となる。可夢偉がライコネンをパスするのは無理かと思われた瞬間、ライコネンのひとつ前のグリッドからスタートしていたセバスチャン・ブエミ（トロ・ロッソ）がアウト側にマシーンを振ってライコネンを牽制、行き場を失ったライコネンが失速する。可夢偉は2台のインに飛び込み、第1コーナーをライコネンの前で通過することに成功した。

1コーナーを立ち上がった可夢偉の前にはブエミがいた。ブエミは立ち上がりでやや失速。しかし、可夢偉は冷静だった。

「ブエミは2ストップ作戦や!!」

ブエミとサイド・バイ・サイドで2コーナーへ進入していった可夢偉は、次の瞬間、引いた。もしここでブエミの前に出たとしても、ペースが違うため序盤はブエミにずっと後ろから突かれてしまう。それでは自分のペースで走ることができず、トータルで考えるとペー

冷静にライコネンを抜きホームストレートを抜ける小林可夢偉。

スは遅くなって、ブエミの前を走る2ストップ勢を逆転できず、入賞できない。ここはいったん引いて、燃料が軽いブエミの後方で自分のペースで走るほうが得策だと考えたからだった。

この作戦は見事に功を奏し、この後、可夢偉は1ストップ勢ではだれよりも速いペースで2ストップ勢を追走していった。

王者バトンを返り討ち

スタートから30分が経過したヤス・マリーナ・サーキットは太陽が沈み、ナイトレースへと突入していた。カクテル光線を受けて光り輝くF1マシーンたちの中で、ひときわ輝いていたのが可夢偉だった。11番手を走行していた可夢偉だったが、トップ10内を走行するドライバーとの差は少なく、上位勢がピットインすれば、充分に逆転できる位置を走行していた。この可夢偉の走りに注目していたのが、前戦ブラジルGPで可夢偉とバトルを演じたバトンを擁するブロウンGP陣営だった。バトンは4番手を走行していたが、10周を過ぎた段階での可夢偉とのギャップは約21秒しかなく、このままでは1回目のピットストップ後に可夢偉に逆転されてしまうことが明らかだった。

バトンのレースエンジニアは無線で、「可夢偉の前で復帰するためには、1回目のピットストップまでに、可夢偉より1・4秒速いペースで走り続けろ」と伝えた。

ブラジルGPでチャンピオンのタイトルを獲得していたバトンは、ここでルーキーの可夢偉に先行されてはチャンピオンのプライドにかかわる。この指示を受けた直後から、バトンは可夢偉を毎周1秒以上引き離しにかかり、17周目にピットイン。なんとか可夢偉の前でレースに復帰することに成功した。ところが、25周分の燃料を搭載して出てきたバトンに対して、可夢偉のマシーンは残り13周分の燃料と車体が軽くなっており、バトンのテールに付いた可夢偉は、直後のロングストレートでバトンのスリップストリームに入る。すかさずバトンはストレートエンドでインを閉めた。だが、ブレーキングでオフラインを走行していたバトンは止まりきれず、サイド・バイ・サイドでのブレーキング勝負は、可夢偉に軍配が上がった。

この可夢偉のファイトを見たブロウンGPのある関係者は、レース中にもかかわらず、可夢偉側に対して「可夢偉のシートはまだ決まっていないのか?」とコンタクトを取ってきたほどだった。

バトンとの勝負を制し、上位勢が全員1回目のピットストップを終えると、可夢偉のポジションは3番手まで浮上していた。このとき可夢偉のレースエンジニアを務めるファン・パブロ・ラミレスは無線で「表彰台もあるぞ」と激励した。

これを聞いた可夢偉は、自らのピットストップまで自己ベストタイムを連発。ホームストレートに戻ってくるたびに、自分用にアレンジされたサインボードに目をやりながらピットストップまでの周回数を確認し、30周目に最初で最後のピットインを済ませた。

問題は、残りの25周をソフトタイヤでいかにペースを維持して走るかだ。注意しなければならないのは最初のペースだ。速く走ろうとして、重い燃料を積んで最初に飛ばすと、タイヤに負担がかかって表面が傷んでしまう。

「それでは、ブラジルGPの二の舞になる」

ピットインする直前まで自己ベストを連発するアグレッシブな走りを見せていた可夢偉だったが、給油後は慎重な走りに徹するようになった。たった2戦で、これだけタイヤのことを考えた走りができる23歳のドライバーに、元タイヤエンジニアのバセロンは胸が熱くなった。

最終的に可夢偉は6位でチェッカーフラッグを受けたが、5位のニック・ハイドフェルト（BMWザウバー）とは2秒差、4位のルーベンス・バリケロ（ブロウンGP）には5秒差という僅差だった。そして、なにより6番手からスタートしたチームメートのトゥルーリに先着しての入賞は快挙だった。レース後のパドックは、表彰台に上がった3人に負けない数の報道陣が可夢偉を取り囲み、マイクを向けていた。

トゥルーリより上位の６位で入賞し、バセロン、山科から祝福を受ける小林可夢偉。

天国から地獄

　素晴らしいレースを披露した可夢偉が報道陣に囲まれているころ、トヨタのチームホスピタリティで涙を流していた男がいた。バセロンである。そして、バセロンはチームホスピタリティに帰ってきた可夢偉にこう告げた。

「キミとなら、一緒に優勝を目指していけるのに……」

　そのときの可夢偉には、バセロンの涙の本当の意味はわからなかった。それより、ポイントを獲得するという結果を出したことを素直に喜んでいた。そして、深夜に飛び立った飛行機の中で、緊張した心を解放していた。

　11月2日の早朝にパリの自宅に戻った可夢偉は、その日のうちにクルマでTMGへ向かった。TMGでは、アブダビGPのデータを分析するとともに、シミュレーターに乗る練習プログラムが組まれていた。その晩、可夢偉と食事を採った永島は、可夢偉がアブダビGPの入賞に気をよくしている様子を見て、心が痛くなった。

　翌日の11月3日も可夢偉は予定通りTMGでシミュレータートレーニングを行ないにやってきた。永島はテクニカルコーディネーション担当ディレクターの新居の部屋へ向かった。

「可夢偉には決定する直前に知らせることになっているようですが、あいつは今夜パリに帰って、明日はＴＭＧには来ません。こんな大切な決定を電話で通知するというのは、あんまりだと思うんです」

決定とは「Ｆ１撤退」のことだ。新居も同感だった。そして木下がいるトップマネージメント室の扉を叩いた。木下は２人の話を聞き、「わかった。今日、ここで伝えよう」と有松に連絡を取った。

トレーニングを終えた可夢偉は有松とともに新居の部屋へ向かった。可夢偉が扉を開けると、そこには新居のほかに木下と永島の姿もあった。

「もしかしたら、来年のシートの話かもしれない……」

期待に胸を膨らませていた23歳の青年を待っていたのは、しかし、木下からの厳しい現実だった。

「驚くかもしれないが、しっかりと聞いてほしい。明日の発表まで時間があるから、まだ最後の最後で変わるかもしれないけど、99％の確率でトヨタは明日、Ｆ１からの撤退を発表する。ショックだろうが、それが明日起きるから知っておいてほしい。だから来年、可夢偉が乗るシートはここにはない。でも、われわれは全力でキミのシートを探すから、いまはガッカリしているかもしれないけど、希望を捨てないで最後まで頑張ろう」

それを聞いていた可夢偉は、しばらく黙っていた。重苦しい雰囲気を破ったのは、可夢偉のひと言だった。

「でも、2戦だけでも乗れて、良かったです」

それ以上、だれも言葉は出なかった。

可夢偉と有松は新居の部屋を退出し、可夢偉はパリへ帰るために駐車場へ向かった。

有松が、「だれにも何も話すな。余計なことは考えずに、いまはとにかく安全に自宅に帰ることに集中しなさい」と言うと、可夢偉は小さくうなずいて、クルマのドアを閉めた。

「ボディガードを付けなさい」

撤退発表を翌日に控えたTMGでは、木下、ハウエットらが仕事をするトップマネージメント室に労働法の弁護士と顧問弁護士が相次いでやってきた。もちろん今後、会社をどのように再構築していくかの法的な話し合いを行なうためである。しかし、弁護士たちから最初に提案されたことは次のような内容だった。

「ドイツでは会社がこのような事態に陥ると、必ずバイオレンスが起きます。だから明日の全社ミーティングではトップマネージメントの周りには、必ずボディガードを付けてください。それから社員による盗難が相次ぐ可能性もありますから、セキュリティを通常の3倍に増やして社内を巡回させてください」

それを聞いたハウエットは、「私の会社では絶対にそのような事態は起きない」と語気を強めて反論した。

木下もハウエットに同調した。木下とハウエットがそう信じるのには理由があった。7月に山科から「撤退もあり得る」という話を聞いた直後のことである。木下はその後、本社の決定に抗ってMBOの道を模索するのだが、同時にその道が閉ざされたときに備えて、労働法の弁護士とともにケルンの労働局へ赴いてもいた。そのとき労働局のスタッフが驚いたのは、TMGに労働組合が存在していなかったことであった。

ドイツはヨーロッパでも労働法が厳しい国として名高い。例えば、400名以上の従業員がいれば、労働組合を作ることができるし、その代表者は取締役会に出席することもできる。TMGは最盛期には約1000人の従業員を有していたので、2つの労働組合があっても不思議ではなかった。しかし、日々刻々と変化するレースの世界で、労働組合の代表がトップマネージメントの決定に口を挟む余裕などあるはずがない。そこで、トヨタはTMGがF1を始めるときに、全従業員にそのことを理解してもらい、代わりにトップマネージメントたちが下す判断はできるだけオープンにするということで、労働組合の設立を断念してもらっ

ドイツのケルンに本拠を置いているTMG。今後はF1以外のスポーツ活動を担う。

ていた。

そのような経緯を知らないＴＭＧの弁護士は、労働局担当者との話し合いが終わると、木下とハウエットに笑顔でこう言った。

「あなたたちはとてもラッキーですね。というのも、ドイツの労働法では雇用主が労働者に退職金を支払う義務がない。つまり、労働組合がないＴＭＧは、あなた方が『会社をたたみます』と言ってしまえば、それでおしまいなんですよ」

木下とハウエットは、そんな弁護士の指摘に、慌てて説明を始めた。

「いやいや、誤解しないでほしい。彼らはトヨタのことを考えて、労働組合を作らないという決定をしてくれたんですよ。だから労働組合がないということで、退職金などで彼らが不利を被るようなことがあっては困るんです。むしろ彼らの貢献度に対して何か上乗せをしたいくらい。そういう案を作ってほしいんですよ」

弁護士は、「そんなことを言われたのは初めてですよ。なんでそこまでやるんですか」と言い、目を丸くしていた。

涙の再会

２００９年11月３日、トヨタ・モータースポーツ部長の高橋敬三が、成田空港からフランクフルトへと向かった。高橋はトヨタが２００２年にＦ１に参戦する前年から２００５年まで、テクニカルコーディネーション担当ディレクターとしてＴＭＧで指揮を執っていた。フランクフルトに夕方に到着した高橋は電車でケルンへと向かい、駅の近くにあるホテルに投宿した。

高橋がケルンに来たのは2年ぶりだった。今回のケルン訪問は、Ｆ１からの撤退について本社を代表してスタッフに直接伝えるためだった。しかし、この時点ではまだ撤退が１００％決まっていたわけではなかった。最終決定が下されるのは、翌11月４日の午前中に開かれる臨時の取締役会議である。時差ボケもあって、高橋はなかなか寝付けなかった。そうこうしているうちに時計の針は午前4時を示していた。

ヨーロッパと日本には8時間の時差がある。本社の決定が出ると予想される時刻だった。高橋は、本社の取締役会事務局の担当者に確認の電話を入れた。

「撤退です」

高橋は、もし撤退が覆ればそのままホテルをチェックアウトして、フランクフルトへ電車で向かい、夜の飛行機に乗って帰国するつもりだった。2年ぶりのTMG。こんな業務でなければ高橋は喜んでTMGへ向かったに違いない。だが今回ばかりはTMGへ向かう足取りは重かった。高橋はほとんど寝ないまま、朝6時すぎにケルンに駐在している新居章年に連絡を取った。新居は7時前に高橋が宿泊しているホテルへ車で向かい、高橋を乗せると、TMGへ向かった。

2005年いっぱいでテクニカルコーディネーション担当ディレクターの職を解かれた高橋のポジションを引き継いだのが、新居だった。コーディネーションという名の通り、この役職は日本とドイツの連携を図る業務である。その2人が本社からの撤退発表を伝えるために、同じ車に乗ってTMGへ向かうとは想像もしていなかったに違いない。空はどんよりと曇っていた。

従業員からの拍手

全社ミーティングは午前9時に設定されていた。日本時間の午後5時。日本で豊田章男社長が記者会見で撤退を発表した同じ時間である。高橋はだれよりも早く全社ミーティングが行なわれるトレーラー室へ入り、従業員たちを待っていた。9時が近くなって、従業員が続々と部屋に入ってくると、顔なじみのかつての同僚たちは、壇上に立っている高橋を見つけると懐かしそうに近寄ってきたが、なぜ高橋がそこに立っているのかを察して、すぐに離れた。

時計の針が午前9時を指した。TMGには多くのドイツ人従業員がいるため、英語でスピーチする高橋の隣には、ドイツ語の通訳もマイクを持っていた。高橋がスピーチを始めた。

「私はトヨタ自動車のモータースポーツ部長を務めている高橋敬三です。2001年から05年まで、ここTMGでテクニカルコーディネーション担当ディレクターとして、皆さんと一緒に仕事をしていました。今日はトヨタ自動車を代表して、皆さんに重要なお知らせをするためにやってきました。本日、本社で臨時の取締役会が開かれ、残念なことにトヨタはF1からの撤退を決定しました」

1分間もあれば済む内容だったが、顔なじみの従業員たちの前に立った高橋は、冒頭の一文から感極まり、途切れ途切れのスピーチとなった。途中ドイツ語の通訳も入ったことで、約15分間もかかった。それから、ハウエットがスピーチを続けた。

「F1を続けようといろいろ努力したのだが、われわれの力がおよばなかった。本当にみんなには申し訳ないと思っている。これから先のことはまだ白紙だが、みんなが納得できるよう、できるだけのことはしたいと考えている」

そのスピーチが終わると信じられないことが起きた。従業員たちから拍手が巻き起こったのである。暴動は起こさないだろうとは思っていたが、まさか解雇されようという人間から拍手など受けるとは思っていなかった高橋は、思わず胸が熱くなった。

こうして、トヨタは日本とドイツでF1からの撤退を発表し、8年間の戦いにピリオドを打った。

最後のメール

全社ミーティングを終えると、従業員たちはおのおのの部署に戻っていったが、そのほとんどが途中の廊下で携帯電話を取り出し、家族へ連絡を取っていた。それを見ながら、複雑な思いで自分のデスクに向かった者たちがいた。30人の日本人駐在員である。彼ら30名は本社の社員で帰る場所がある。だが、彼らは帰りたくて帰るわけでない。気持ちはヨーロッパの従業員たちと同じ、いや、むしろ彼らと別れて日本へ帰国することでやりきれない気持ちとなっていた。

そんな日本人の部下たちを見て木下はメールを送った。

「私もみんなと同じ気持ちです。でも私たちはプロだから、グッと堪えて、整然と撤退しようじゃないか」

ラストランを披露するTF 109を大勢のTMG従業員たちが囲む。

しばらくして、木下に1本の電話が入ってきた。相手はロス・ブロウンだった。

「イギリスGP直前のFOTAミーティングで、トヨタが先頭に立ってブロウンGPを救うための誓約書を作ってくれたことは、いまでも忘れない。ブロウンGPはもともとホンダのチームだったのに、国内で最大のライバルであるトヨタが、まさかあのような対応をしてくれるとは思ってもいなかった。本当に感謝している。もし、私にできることがあれば、何でも言ってほしい」

4カ月以上も前のことをブロウンは忘れていなかったのである。木下も恩を忘れない彼の行為に感謝した。

トヨタがF1からの撤退を発表してから8日後の11月12日。トヨタはTMGでTF109のラストランを行なった。中庭にはファクトリーで仕事するほとんどの従業員が詰めかけていた。中庭に収まりきれなかったスタッフたちは、2階の踊り場の窓から覗き込んだり、非常階段に上がったり、屋上から見下ろす者も少なくなかった。自分たちが作ったマシーンのラストランを、一目でもいいから見たかったのだ。

集まった800名近い従業員たちの前に、TF109に乗って現れたのは小林可夢偉だった。自分をF1ドライバーに育ててあげてくれたスタッフたちに向かって、可夢偉は感謝の意を込めて、高らかにエキゾーストノートを響かせた。

そんな従業員たちに、木下は解雇通知を渡さなければならなかった。1通1通、木下は解雇通知に署名し、11月下旬から12月上旬にかけて、約650名に通知を出した。もちろん、暴動も、落書きもなく、ひとつの備品も盗難に遭うことなく、みな整然とTMGから去っていった。アメリカで解雇した従業員からトイレを壊されるなどの嫌がらせを受けた経験を持っている木下は、あらためてTMG社員のレベルの高さに感嘆するとともに、彼らのトヨタに対する忠誠心に感謝した。

そうした従業員たちを解雇しなければならなかった木下は、しばらくの間、彼らと共に勝利を分かち合うことができなかったという、悔恨の思いに悩まされる日々が続いた。木下のパソコンには、トヨタが撤退を発表した11月4日にTMGのスタッフに宛てたメールが今なお残っている。メールの最後には、「頂上直下」と題された次のような文が綴られてあった。

「頂上直下」

2009年11月4日

下山命令を受け取った時、我々のアタック隊は頂上直下まで迫っていた。

遠くには暗雲が見え、風も強くなった。
しかし、我々の頭上には、まだ青空が残っていた。
あとワンアタックで、頂上は獲れた……。

〝嵐が来る、下山せよ〟
命令を出す方も、出される方も、胸をかきむしる思いだった。
今まで支援してくれた人の顔がよぎった。

ベースキャンプから気の遠くなるような荷揚げをし、いくつもの前進キャンプを設営し、このアタックに備えてきた。

日は、また、昇る。

その想いを胸に、全員が撤収を開始した。

木下美明

おわりに

もし、何年後かにF1を振り返るときがあって、どのシーズンが思い出深いかと尋ねられたら、私は真っ先に「09年」と答えるだろう。それほど、2009年は私の取材生活の中で、忘れられない一年だった。もちろん、そこにトヨタという存在があったことは言うまでもない。

F1界には、こんな言葉がある。

「F1は日曜日の午後2時からの2時間だけがスポーツで、あとは政治と経済であり、それらを引っくるめてすべてがF1である」

しかし、私はいままでスポーツの部分だけを取材し、報道してきた。それはこれまで日本人の多くがF1をスポーツの場として戦ってきたからである。

これまで日本におけるF1文化は、ホンダと日本人ドライバーたちによってリードされてきた感がある。特に1980年代から90年代にかけて、ホンダは最強のエンジンを造って数々の栄冠を手にした。私たちはホンダの圧倒的な技術力にばかり注目してきた。その後、登場してくる日本人ドライバーたちに対しても同じだ。その戦う姿を通して、F1という「スポーツ」が日本にも定着した。しかし、F1の本当の戦いはそれだけではなかった。

そんな状況の中、日本からトヨタがチームとしてF1に参戦してきた。1960年代にホンダがエンジンもシャシーも自社開発してチームとして参戦した時代があるが、90年代以降にF1を取材するようになった私は、ホンダがどのように戦ったのかを間近で見てはいない。

2002年にトヨタがF1に参戦を開始したとき、すでにホンダも第3期F1活動を開始していたが、基本的にエンジン供給者の立場にあり、まだチーム運営まで含めたオールホンダ体制としては参戦していなかった。私はトヨタが参戦した今こそ、間近でF1チームの全貌を見ることができる機会の到来と、トヨタ・チームの一挙手一投足をつぶさに取材することにした。F1チームのファクトリーというのは、どのようになっているのか。マシーンの開発はどのようにして行なわれるのか。ドライバーとの交渉はどうしているのか。ライバルチームとどんな駆け引きをしているか。日本人ドライバーを通してだけでは見えなかったF1の真髄を、私はトヨタを通して見ることができた。

その中でももっとも濃密な時間をトヨタ・チームと過ごすことができたのが、2009年というシーズンだった。その間、取材される側のトヨタ・チームと、取材する側の私の間には、厚い信頼関係が構築されていった。山科代表は時には私が掴んだスクープを記事にすることを許してくださったし、私が知り得た重要な事実であっても、ジャーナリストの信義として書かなかったこともあった。そのようなやりとりは、トヨタがF1に参戦しなければ私には経験できなかったことだと思っている。

さまざまな貴重な経験を積ませてもらったが、ひとつだけトヨタとともに経験できなかったことがある。それは、車体もエンジンもひとつ屋根の下で製造しながらF1に参戦する日本チームの初優勝である。トヨタがF1からの撤退を決定したとき、TMGにはレッドブルに匹敵するほど進化した、鈴鹿スペシャルの発展型マシーンが完成していた。それが2010年を戦おうとしていた「TF110」である。もし、トヨタがF1活動を続けていれば、このマシーンがトヨタの初優勝を達成していたと、私は確信している。

結果的にトヨタは自らの手で優勝するチャンスを潰したわけだが、トヨタはレースだけを行なっている会社ではないので、その決定を全否定するつもりはない。その後の状況を考えれば、トヨタが下した判断は最大公約数の決定としては的確だったと言えるかもしれない。むしろ、もう1年早く、ホンダとともにF1から撤退していても不思議ではなかった。奥田元社長によって拓かれたF1への道は、渡辺前社長によって閉ざされていてもおかしくない状況にあった。

しかし、その決定を渡辺前社長に踏みとどまらせたのは、山科以下、モータースポーツを愛するトヨタの社員たちだった。だから、09年に彼らは悲願の優勝を勝ち取ることはできなかったが、F1活動の継続を勝ち取った09年というトヨタF1にとっての最後の一年に私は畏敬の念を抱く。そして、それ以上に敬意を表したいのは、その09年に彼らは本社の意向に抗って、最後までF1活動継続という道を探ったことだ。彼らが社長の命令ではなく、自らの意思でF1活動を続けようとした09年は、私の中で優勝にも匹敵する輝ける一年となった。

そして、その一年がかけがえのない宝を産んだ。小林可夢偉という自分たちで育ててきたドライバーの芽を摘むことなく、F1の世界で開花させることができたからである。

13年前の奥田ミーティングで提案されたF1活動は幕を閉じた。トヨタがF1からの撤退を発表した11月4日から、早4カ月が経つ。2010年のF1にトヨタの姿は、もうない。しかし、開幕戦の地、バーレーンにはトヨタが育てた宝、可夢偉の姿があった。

トヨタにとってのF1は、まだ終わっていないのかもしれない……。

最後となりましたが、長時間にわたって取材に応じていただいたトヨタF1関係者の皆様の誠意に、この場を借りて心から感謝の言葉を贈ります。また、本書の実現に尽力していただいた二玄社の崎山知佳子氏、大谷達也氏、伊東和彦氏に謝意を表します。

2010年3月11日

尾張正博

トヨタF1戦績

L. HAMILTON
BEST LAP
GAP
T. GLOCK 1:33.999
S. VETTEL 1:34.115 0.116
H. KOVALAINEN 1:34.217 0.218
N. PIQUET 1:34.269 0.270
N. ROSBERG 1:34.383 0.384
J. BUTTON 1:34.607 0.608
S. BUEMI 1:34.619 0.620
G. FISICHELLA 1:34.708 0.709
K. RAIKKONEN 1:34.744 0.745
A. SUTIL 1:34.759 0.760
K. NAKAJIMA 1:34.791 0.792
R. BARRICHELLO 1:34.887 0.888
N. HEIDFELD 1:34.948 0.949
R. KUBICA 1:34.960 0.961
S. BOURDAIS 1:34.961 0.962
M. WEBBER 1:34.990 0.991
J. TRULLI 1:35.064 1.065
F. MASSA 1:35.073 1.074
MO

●第 2 戦マレーシア GP

順位	ドライバー		マシーン	周回数	タイム / 差
1	22	J. バトン	ブロウン・メルセデス	31	1:55:30.622
2	6	N. ハイドフェルド	BMW ザウバー	31	22.7
3	**10**	**T. グロック**	**トヨタ**	**31**	**23.5**
4	**9**	**J. トゥルーリ**	**トヨタ**	**31**	**46.1**
5	23	R. バリケロ	ブロウン・メルセデス	31	47.3
6	14	M. ウェバー	RBR ルノー	31	52.3
7	1	L. ハミルトン	マクラーレン・メルセデス	31	60.7
8	16	N. ロズベルグ	ウィリアムズ・トヨタ	31	71.5
9	3	F. マッサ	フェラーリ	31	76.9
10	11	S. ブールデ	STR フェラーリ	31	102.164
11	7	F. アロンソ	ルノー	31	109.422
12	17	中嶋一貴	ウィリアムズ・トヨタ	31	116.130
13	8	N. ピケ Jr.	ルノー	31	116.713
14	4	K. ライコネン	フェラーリ	31	142.841
15	15	S. フェッテル	RBR ルノー	30	
16	12	S. ブエミ	STR フェラーリ	30	
17	20	A. スーティル	フォースインディア・メルセデス	30	1 周
18	21	G. フィジケラ	フォースインディア・メルセデス	29	
	5	R. クビツァ	BMW ザウバー	1	
	2	H. コヴァライネン	マクラーレン・メルセデス	0	

●第 3 戦中国 GP

順位	ドライバー		マシーン	周回数	タイム / 差
1	15	S. フェッテル	RBR ルノー	56	1:57:43.485
2	14	M. ウェバー	RBR ルノー	56	10.9
3	22	J. バトン	ブロウン・メルセデス	56	44.9
4	23	R. バリケロ	ブロウン・メルセデス	56	63.7
5	2	H. コヴァライネン	マクラーレン・メルセデス	56	65.1
6	1	L. ハミルトン	マクラーレン・メルセデス	56	71.8
7	**10**	**T. グロック**	**トヨタ**	**56**	**74.4**
8	12	S. ブエミ	STR フェラーリ	56	76.4
9	7	F. アロンソ	ルノー	56	84.3
10	4	K. ライコネン	フェラーリ	56	91.7
11	11	S. ブールデ	STR フェラーリ	56	94.1
12	6	N. ハイドフェルド	BMW ザウバー	56	95.8
13	5	R. クビツァ	BMW ザウバー	56	106.8
14	21	G. フィジケラ	フォースインディア・メルセデス	55	1 周
15	16	N. ロズベルグ	ウィリアムズ・トヨタ	55	1 周
16	8	N. ピケ Jr.	ルノー	53	2 周
17	20	A. スーティル	フォースインディア・メルセデス	50	
	17	中嶋一貴	ウィリアムズ・トヨタ	43	
	3	F. マッサ	フェラーリ	20	
	9	**J. トゥルーリ**	**トヨタ**	**18**	

2009年F1
レースリザルト

●第1戦オーストラリアGP

順位	ドライバー		マシーン	周回数	タイム/差
1	22	J. バトン	ブロウン・メルセデス	58	1:34:15.784
2	23	R. バリケロ	ブロウン・メルセデス	58	0.8
3	**9**	**J. トゥルーリ**	**トヨタ**	**58**	**1.6**
4	**10**	**T. グロック**	**トヨタ**	**58**	**4.4**
5	7	F. アロンソ	ルノー	58	4.8
6	16	N. ロズベルグ	ウィリアムズ・トヨタ	58	5.7
7	12	S. ブエミ	STR フェラーリ	58	6.0
8	11	S. ブールデ	STR フェラーリ	58	6.2
9	20	A. スーティル	フォースインディア・メルセデス	58	6.3
10	6	N. ハイドフェルド	BMW ザウバー	58	7.0
11	21	G. フィジケラ	フォースインディア・メルセデス	58	7.3
12	14	M. ウェバー	RBR ルノー	57	1周
13	15	S. フェッテル	RBR ルノー	56	
14	5	R. クビツァ	BMW ザウバー	55	
15	4	K. ライコネン	フェラーリ	55	
	3	F. マッサ	フェラーリ	45	
	8	N. ピケ Jr.	ルノー	24	
	17	中嶋一貴	ウィリアムズ・トヨタ	17	
	2	H. コヴァライネン	マクラーレン・メルセデス	0	
DSQ	1	L. ハミルトン	マクラーレン・メルセデス	58	2.9

●第6戦モナコGP

順位	ドライバー		マシーン	周回数	タイム / 差
1	22	J. バトン	ブロウン・メルセデス	78	1:40:44.282
2	23	R. バリケロ	ブロウン・メルセデス	78	7.6
3	4	K. ライコネン	フェラーリ	78	13.4
4	3	F. マッサ	フェラーリ	78	15.1
5	14	M. ウェバー	RBR ルノー	78	15.7
6	16	N. ロズベルグ	ウィリアムズ・トヨタ	78	33.5
7	7	F. アロンソ	ルノー	78	37.8
8	11	S. ブールデ	STR フェラーリ	78	63.1
9	21	G. フィジケラ	フォースインディア・メルセデス	78	65.0
10	**10**	**T. グロック**	**トヨタ**	**77**	**1周**
11	6	N. ハイドフェルド	BMW ザウバー	77	1周
12	1	L. ハミルトン	マクラーレン・メルセデス	77	1周
13	**9**	**J. トゥルーリ**	**トヨタ**	**77**	**1周**
14	20	A. スーティル	フォースインディア・メルセデス	77	1周
15	17	中嶋一貴	ウィリアムズ・トヨタ	76	2周
	2	H. コヴァライネン	マクラーレン・メルセデス	51	
	5	R. クビツァ	BMW ザウバー	28	
	15	S. フェッテル	RBR ルノー	15	
	8	N. ピケ Jr.	ルノー	10	
	12	S. ブエミ	STR フェラーリ	10	

●第7戦トルコGP

順位	ドライバー		マシーン	周回数	タイム / 差
1	22	J. バトン	ブロウン・メルセデス	58	1:26:24.848
2	14	M. ウェバー	RBR ルノー	58	6.7
3	15	S. フェッテル	RBR ルノー	58	7.4
4	**9**	**J. トゥルーリ**	**トヨタ**	**58**	**27.8**
5	16	N. ロズベルグ	ウィリアムズ・トヨタ	58	31.5
6	3	F. マッサ	フェラーリ	58	39.9
7	5	R. クビツァ	BMW ザウバー	58	46.2
8	**10**	**T. グロック**	**トヨタ**	**58**	**46.9**
9	4	K. ライコネン	フェラーリ	58	50.2
10	7	F. アロンソ	ルノー	58	62.4
11	6	N. ハイドフェルド	BMW ザウバー	58	64.3
12	17	中嶋一貴	ウィリアムズ・トヨタ	58	66.3
13	1	L. ハミルトン	マクラーレン・メルセデス	58	80.4
14	2	H. コヴァライネン	マクラーレン・メルセデス	57	1周
15	12	S. ブエミ	STR フェラーリ	57	1周
16	8	N. ピケ Jr.	ルノー	57	1周
17	20	A. スーティル	フォースインディア・メルセデス	57	1周
18	11	S. ブールデ	STR フェラーリ	57	1周
	23	R. バリケロ	ブロウン・メルセデス	47	
	21	G. フィジケラ	フォースインディア・メルセデス	4	

●第 4 戦ベルギー GP

順位	ドライバー		マシーン	周回数	タイム / 差
1	22	J. バトン	ブロウン・メルセデス	57	1:31:48.182
2	15	S. フェッテル	RBR ルノー	57	7.1
3	**9**	**J. トゥルーリ**	**トヨタ**	**57**	**9.1**
4	1	L. ハミルトン	マクラーレン・メルセデス	57	22.0
5	23	R. バリケロ	ブロウン・メルセデス	57	37.7
6	4	K. ライコネン	フェラーリ	57	42.0
7	**10**	**T. グロック**	**トヨタ**	**57**	**42.8**
8	7	F. アロンソ	ルノー	57	52.7
9	16	N. ロズベルグ	ウィリアムズ・トヨタ	57	58.1
10	8	N. ピケ Jr.	ルノー	57	65.1
11	14	M. ウェバー	RBR ルノー	57	67.6
12	2	H. コヴァライネン	マクラーレン・メルセデス	57	77.8
13	11	S. ブールデ	STR フェラーリ	57	78.8
14	3	F. マッサ	フェラーリ	56	1 周
15	21	G. フィジケラ	フォースインディア・メルセデス	56	1 周
16	20	A. スーティル	フォースインディア・メルセデス	56	1 周
17	12	S. ブエミ	STR フェラーリ	56	1 周
18	5	R. クビツァ	BMW ザウバー	56	1 周
19	6	N. ハイドフェルド	BMW ザウバー	56	1 周
	17	中嶋一貴	ウィリアムズ・トヨタ	48	

●第 5 戦スペイン GP

順位	ドライバー		マシーン	周回数	タイム / 差
1	22	J. バトン	ブロウン・メルセデス	66	1:37:19.202
2	23	R. バリケロ	ブロウン・メルセデス	66	13.0
3	14	M. ウェバー	RBR ルノー	66	13.9
4	15	S. フェッテル	RBR ルノー	66	18.9
5	7	F. アロンソ	ルノー	66	43.1
6	3	F. マッサ	フェラーリ	66	50.8
7	6	N. ハイドフェルド	BMW ザウバー	66	52.3
8	16	N. ロズベルグ	ウィリアムズ・トヨタ	66	65.2
9	1	L. ハミルトン	マクラーレン・メルセデス	65	1 周
10	**10**	**T. グロック**	**トヨタ**	**65**	**1 周**
11	5	R. クビツァ	BMW ザウバー	65	1 周
12	8	N. ピケ Jr.	ルノー	65	1 周
13	17	中嶋一貴	ウィリアムズ・トヨタ	65	1 周
14	21	G. フィジケラ	フォースインディア・メルセデス	65	1 周
	4	K. ライコネン	フェラーリ	17	
	2	H. コヴァライネン	マクラーレン・メルセデス	7	
	9	**J. トゥルーリ**	**トヨタ**	**0**	
	12	S. ブエミ	STR フェラーリ	0	
	11	S. ブールデ	STR フェラーリ	0	
	20	A. スーティル	フォースインディア・メルセデス	0	

●第 10 戦ハンガリー GP

順位	ドライバー		マシーン	周回数	タイム / 差
1	1	L. ハミルトン	マクラーレン・メルセデス	70	1:38:23.876
2	4	K. ライコネン	フェラーリ	70	11.5
3	14	M. ウェバー	RBR ルノー	70	16.8
4	16	N. ロズベルグ	ウィリアムズ・トヨタ	70	26.9
5	2	H. コヴァライネン	マクラーレン・メルセデス	70	34.3
6	**10**	**T. グロック**	**トヨタ**	**70**	**35.2**
7	22	J. バトン	ブロウン・メルセデス	70	55.0
8	**9**	**J. トゥルーリ**	**トヨタ**	**70**	**68.1**
9	17	中嶋一貴	ウィリアムズ・トヨタ	70	68.7
10	23	R. バリケロ	ブロウン・メルセデス	70	69.2
11	6	N. ハイドフェルド	BMW ザウバー	70	70.6
12	8	N. ピケ Jr.	ルノー	70	71.5
13	5	R. クビツァ	BMW ザウバー	70	74.0
14	21	G. フィジケラ	フォースインディア・メルセデス	69	1 周
15	11	J. アルグエルスアリ	STR フェラーリ	69	1 周
16	12	S. ブエミ	STR フェラーリ	69	1 周
	15	S. フェッテル	RBR ルノー	29	
	7	F. アロンソ	ルノー	15	
	20	A. スーティル	フォースインディア・メルセデス	1	

●第 11 戦ヨーロッパ GP

順位	ドライバー		マシーン	周回数	タイム / 差
1	23	R. バリケロ	ブロウン・メルセデス	57	1:35:51.289
2	1	L. ハミルトン	マクラーレン・メルセデス	57	2.3
3	4	K. ライコネン	フェラーリ	57	15.9
4	2	H. コヴァライネン	マクラーレン・メルセデス	57	20.0
5	16	N. ロズベルグ	ウィリアムズ・トヨタ	57	20.8
6	7	F. アロンソ	ルノー	57	27.7
7	22	J. バトン	ブロウン・メルセデス	57	34.9
8	5	R. クビツァ	BMW ザウバー	57	36.6
9	14	M. ウェバー	RBR ルノー	57	44.9
10	20	A. スーティル	フォースインディア・メルセデス	57	47.9
11	6	N. ハイドフェルド	BMW ザウバー	57	48.8
12	21	G. フィジケラ	フォースインディア・メルセデス	57	63.6
13	**9**	**J. トゥルーリ**	**トヨタ**	**57**	**64.5**
14	**10**	**T. グロック**	**トヨタ**	**57**	**86.5**
15	8	R. グロジャン	ルノー	57	91.7
16	11	J. アルグエルスアリ	STR フェラーリ	56	1 周
17	3	L. バドエル	フェラーリ	56	1 周
18	17	中嶋一貴	ウィリアムズ・トヨタ	53	
	12	S. ブエミ	STR フェラーリ	41	
	15	S. フェッテル	RBR ルノー	23	

●第 8 戦イギリス GP

順位	ドライバー		マシーン	周回数	タイム / 差
1	15	S. フェッテル	RBR ルノー	60	1:22:49.328
2	14	M. ウェバー	RBR ルノー	60	15.1
3	23	R. バリケロ	ブロウン・メルセデス	60	41.1
4	3	F. マッサ	フェラーリ	60	45.0
5	16	N. ロズベルグ	ウィリアムズ・トヨタ	60	45.9
6	22	J. バトン	ブロウン・メルセデス	60	46.2
7	**9**	**J. トゥルーリ**	**トヨタ**	**60**	**68.3**
8	4	K. ライコネン	フェラーリ	60	69.6
9	**10**	**T. グロック**	**トヨタ**	**60**	**69.8**
10	21	G. フィジケラ	フォースインディア・メルセデス	60	71.5
11	17	中嶋一貴	ウィリアムズ・トヨタ	60	74.0
12	8	N. ピケ Jr.	ルノー	59	1 周
13	5	R. クビツァ	BMW ザウバー	59	1 周
14	7	F. アロンソ	ルノー	59	1 周
15	6	N. ハイドフェルド	BMW ザウバー	59	1 周
16	1	L. ハミルトン	マクラーレン・メルセデス	59	1 周
17	20	A. スーティル	フォースインディア・メルセデス	59	1 周
18	12	S. ブエミ	STR フェラーリ	59	1 周
	11	S. ブールデ	STR フェラーリ	37	
	2	H. コヴァライネン	マクラーレン・メルセデス	36	

●第 9 戦ドイツ GP

順位	ドライバー		マシーン	周回数	タイム / 差
1	14	M. ウェバー	RBR ルノー	60	1:36:43.310
2	15	S. フェッテル	RBR ルノー	60	9.2
3	3	F. マッサ	フェラーリ	60	15.9
4	16	N. ロズベルグ	ウィリアムズ・トヨタ	60	21.0
5	22	J. バトン	ブロウン・メルセデス	60	23.6
6	23	R. バリケロ	ブロウン・メルセデス	60	24.4
7	7	F. アロンソ	ルノー	60	24.8
8	2	H. コヴァライネン	マクラーレン・メルセデス	60	58.6
9	**10**	**T. グロック**	**トヨタ**	**60**	**61.4**
10	6	N. ハイドフェルド	BMW ザウバー	60	61.9
11	21	G. フィジケラ	フォースインディア・メルセデス	60	62.3
12	17	中嶋一貴	ウィリアムズ・トヨタ	60	62.8
13	8	N. ピケ Jr.	ルノー	60	68.3
14	5	R. クビツァ	BMW ザウバー	60	69.5
15	20	A. スーティル	フォースインディア・メルセデス	60	71.9
16	12	S. ブエミ	STR フェラーリ	60	90.2
17	**9**	**J. トゥルーリ**	**トヨタ**	**60**	**90.9**
18	1	L. ハミルトン	マクラーレン・メルセデス	59	1 周
	4	K. ライコネン	フェラーリ	34	
	11	S. ブールデ	STR フェラーリ	18	

●第 14 戦シンガポール GP

順位	ドライバー		マシーン	周回数	タイム / 差
1	1	L. ハミルトン	マクラーレン・メルセデス	61	1:56:06.337
2	**10**	**T. グロック**	**トヨタ**	**61**	**9.6**
3	7	F. アロンソ	ルノー	61	16.6
4	15	S. フェッテル	RBR ルノー	61	20.2
5	22	J. バトン	ブロウン・メルセデス	61	30.0
6	23	R. バリケロ	ブロウン・メルセデス	61	31.8
7	2	H. コヴァライネン	マクラーレン・メルセデス	61	36.1
8	5	R. クビツァ	BMW ザウバー	61	55.0
9	17	中嶋一貴	ウィリアムズ・トヨタ	61	56.0
10	4	K. ライコネン	フェラーリ	61	58.8
11	16	N. ロズベルグ	ウィリアムズ・トヨタ	61	59.7
12	**9**	**J. トゥルーリ**	**トヨタ**	**61**	**73.0**
13	3	G. フィジケラ	フェラーリ	61	79.8
14	21	V. リウッツイ	フォースインディア・メルセデス	61	93.5
	11	J. アルグエルスアリ	STR フェラーリ	47	
	12	S. ブエミ	STR フェラーリ	47	
	14	M. ウェバー	RBR ルノー	45	
	20	A. スーティル	フォースインディア・メルセデス	23	
	6	N. ハイドフェルド	BMW ザウバー	19	
	8	R. グロジャン	ルノー	3	

●第 15 戦日本 GP

順位	ドライバー		マシーン	周回数	タイム / 差
1	15	S. フェッテル	RBR ルノー	53	1:28:20.443
2	**9**	**J. トゥルーリ**	**トヨタ**	**53**	**4.8**
3	1	L. ハミルトン	マクラーレン・メルセデス	53	6.4
4	4	K. ライコネン	フェラーリ	53	7.9
5	16	N. ロズベルグ	ウィリアムズ・トヨタ	53	8.7
6	6	N. ハイドフェルド	BMW ザウバー	53	9.5
7	23	R. バリケロ	ブロウン・メルセデス	53	10.6
8	22	J. バトン	ブロウン・メルセデス	53	11.4
9	5	R. クビツァ	BMW ザウバー	53	11.7
10	7	F. アロンソ	ルノー	53	13.0
11	2	H. コヴァライネン	マクラーレン・メルセデス	53	13.7
12	3	G. フィジケラ	フェラーリ	53	14.5
13	20	A. スーティル	フォースインディア・メルセデス	53	14.9
14	21	V. リウッツイ	フォースインディア・メルセデス	53	15.7
15	17	中嶋一貴	ウィリアムズ・トヨタ	53	17.9
16	8	R. グロジャン	ルノー	52	1 周
17	14	M. ウェバー	RBR ルノー	51	2 周
	11	J. アルグエルスアリ	STR フェラーリ	43	
	12	S. ブエミ	STR フェラーリ	11	

●第 12 戦ベルギー GP

順位	ドライバー		マシーン	周回数	タイム / 差
1	4	K. ライコネン	フェラーリ	44	1:23:50.995
2	21	G. フィジケラ	フォースインディア・メルセデス	44	0.9
3	15	S. フェッテル	RBR ルノー	44	3.8
4	5	R. クビツァ	BMW ザウバー	44	9.9
5	6	N. ハイドフェルド	BMW ザウバー	44	11.2
6	2	H. コヴァライネン	マクラーレン・メルセデス	44	32.7
7	23	R. バリケロ	ブロウン・メルセデス	44	35.4
8	16	N. ロズベルグ	ウィリアムズ・トヨタ	44	36.2
9	14	M. ウェバー	RBR ルノー	44	36.9
10	**10**	**T. グロック**	**トヨタ**	**44**	**41.4**
11	20	A. スーティル	フォースインディア・メルセデス	44	42.6
12	12	S. ブエミ	STR フェラーリ	44	46.1
13	17	中嶋一貴	ウィリアムズ・トヨタ	44	54.2
14	3	L. バドエル	フェラーリ	44	102.1
	7	F. アロンソ	ルノー	26	
	9	**J. トゥルーリ**	**トヨタ**	**21**	
	22	J. バトン	ブロウン・メルセデス	0	
	8	R. グロジャン	ルノー	0	
	1	L. ハミルトン	マクラーレン・メルセデス	0	
	11	J. アルグエルスアリ	STR フェラーリ	0	

●第 13 戦イタリア GP

順位	ドライバー		マシーン	周回数	タイム / 差
1	23	R. バリケロ	ブロウン・メルセデス	53	1:16:21.706
2	22	J. バトン	ブロウン・メルセデス	53	2.8
3	4	K. ライコネン	フェラーリ	53	30.6
4	20	A. スーティル	フォースインディア・メルセデス	53	31.1
5	7	F. アロンソ	ルノー	53	59.1
6	2	H. コヴァライネン	マクラーレン・メルセデス	53	60.6
7	6	N. ハイドフェルド	BMW ザウバー	53	82.4
8	15	S. フェッテル	RBR ルノー	53	85.4
9	3	G. フィジケラ	フェラーリ	53	86.8
10	17	中嶋一貴	ウィリアムズ・トヨタ	53	162.163
11	**10**	**T. グロック**	**トヨタ**	**53**	**163.925**
12	1	L. ハミルトン	マクラーレン・メルセデス	52	
13	12	S. ブエミ	STR フェラーリ	52	DNF
14	**9**	**J. トゥルーリ**	**トヨタ**	**52**	**1 周**
15	8	R. グロジャン	ルノー	52	1 周
16	16	N. ロズベルグ	ウィリアムズ・トヨタ	51	2 周
	21	V. リウッツイ	フォースインディア・メルセデス	22	
	11	J. アルグエルスアリ	STR フェラーリ	19	
	5	R. クビツァ	BMW ザウバー	15	
	14	M. ウェバー	RBR ルノー	0	

●第 16 戦ブラジル GP

順位		ドライバー	マシーン	周回数	タイム / 差
1	14	M. ウェバー	RBR ルノー	71	1:32:23.081
2	5	R. クビツァ	BMW ザウバー	71	7.6
3	1	L. ハミルトン	マクラーレン・メルセデス	71	18.9
4	15	S. フェッテル	RBR ルノー	71	19.6
5	22	J. バトン	ブロウン・メルセデス	71	29.0
6	4	K. ライコネン	フェラーリ	71	33.3
7	12	S. ブエミ	STR フェラーリ	71	35.9
8	23	R. バリケロ	ブロウン・メルセデス	71	45.4
9	**10**	**小林可夢偉**	**トヨタ**	**71**	**63.3**
10	3	G. フィジケラ	フェラーリ	71	70.6
11	21	V. リウッツイ	フォースインディア・メルセデス	71	71.3
12	2	H. コヴァライネン	マクラーレン・メルセデス	71	73.4
13	8	R. グロジャン	ルノー	70	1 周
14	11	J. アルグエルスアリ	STR フェラーリ	70	1 周
	17	中嶋一貴	ウィリアムズ・トヨタ	30	
	16	N. ロズベルグ	ウィリアムズ・トヨタ	27	
	6	N. ハイドフェルド	BMW ザウバー	21	
	20	A. スーティル	フォースインディア・メルセデス	0	
	9	**J. トゥルーリ**	**トヨタ**	**0**	
	7	F. アロンソ	ルノー	0	

●第 17 戦アブダビ GP

順位		ドライバー	マシーン	周回数	タイム / 差
1	15	S. フェッテル	RBR ルノー	55	1:34:03.414
2	14	M. ウェバー	RBR ルノー	55	17.8
3	22	J. バトン	ブロウン・メルセデス	55	18.4
4	23	R. バリケロ	ブロウン・メルセデス	55	22.7
5	6	N. ハイドフェルド	BMW ザウバー	55	26.2
6	**10**	**小林可夢偉**	**トヨタ**	**55**	**28.3**
7	**9**	**J. トゥルーリ**	**トヨタ**	**55**	**34.3**
8	12	S. ブエミ	STR フェラーリ	55	41.2
9	16	N. ロズベルグ	ウィリアムズ・トヨタ	55	45.9
10	5	R. クビツァ	BMW ザウバー	55	48.1
11	2	H. コヴァライネン	マクラーレン・メルセデス	55	52.7
12	4	K. ライコネン	フェラーリ	55	54.3
13	17	中嶋一貴	ウィリアムズ・トヨタ	55	59.8
14	7	F. アロンソ	ルノー	55	69.6
15	21	V. リウッツイ	フォースインディア・メルセデス	55	94.4
16	3	G. フィジケラ	フェラーリ	54	1 周
17	20	A. スーティル	フォースインディア・メルセデス	54	1 周
18	8	R. グロジャン	ルノー	54	1 周
	1	L. ハミルトン	マクラーレン・メルセデス	19	
	11	J. アルグエルスアリ	STR フェラーリ	17	

2009年 F1
ドライバーズポイント

順位	ドライバー	国籍	チーム	ポイント
1	ジェンソン・バトン	イギリス	ブロウン・メルセデス	95
2	セバスチャン・フェッテル	ドイツ	RBR ルノー	84
3	ルーベンス・バリケロ	ブラジル	ブロウン・メルセデス	77
4	マーク・ウェバー	オーストラリア	RBR ルノー	69.5
5	ルイス・ハミルトン	イギリス	マクラーレン・メルセデス	49
6	キミ・ライコネン	フィンランド	フェラーリ	48
7	ニコ・ロズベルグ	ドイツ	ウィリアムズ・トヨタ	34.5
8	**ヤルノ・トゥルーリ**	**イタリア**	**トヨタ**	**32.5**
9	フェルナンド・アロンソ	スペイン	ルノー	26
10	**ティモ・グロック**	**ドイツ**	**トヨタ**	**24**
11	フェリペ・マッサ	ブラジル	フェラーリ	22
12	ヘイキ・コヴァライネン	フィンランド	マクラーレン・メルセデス	22
13	ニック・ハイドフェルド	ドイツ	BMW ザウバー	19
14	ロバート・クビツァ	ポーランド	BMW ザウバー	17
15	ジャンカルロ・フィジケラ	イタリア	フェラーリ	8
16	セバスチャン・ブエミ	スイス	STR-フェラーリ	6
17	エイドリアン・スーティル	ドイツ	フォースインディア・メルセデス	5
18	**小林可夢偉**	**日本**	**トヨタ**	**3**
19	セバスチャン・ブールデ	フランス	STR-フェラーリ	2
20	中嶋一貴	日本	ウィリアムズ・トヨタ	0
21	ネルソン・ピケ Jr.	ブラジル	ルノー	0
22	ヴィタントニオ・リウッツィ	イタリア	フォースインディア・メルセデス	0
23	ロマン・グロージャン	フランス	ルノー	0
24	ハイメ・アルグエルスアリ	スペイン	STR-フェラーリ	0
25	ルカ・バドエル	イタリア	フェラーリ	0

● 2004年

順位	チーム	ポイント
1	フェラーリ	262
2	BAR ホンダ	119
3	ルノー	105
4	ウィリアムズ BMW	88
5	マクラーレン・メルセデス	69
6	ザウバー・ペトロナス	34
7	ジャガー・コスワース	10
8	**トヨタ**	**9**
9	ジョーダン・フォード	5
10	ミナルディ・コスワース	1

● 2005年

順位	チーム	ポイント
1	ルノー	191
2	マクラーレン・メルセデス	182
3	フェラーリ	100
4	**トヨタ**	**88**
5	ウィリアムズ BMW	66
6	BAR ホンダ	38
7	レッドブル・コスワース	34
8	ザウバー・ペトロナス	20
9	ジョーダン・トヨタ	12
10	ミナルディ・コスワース	7

● 2006年

順位	チーム	ポイント
1	ルノー	206
2	フェラーリ	201
3	マクラーレン・メルセデス	110
4	ホンダ	86
5	ザウバー BMW	36
6	**トヨタ**	**35**
7	レッドブル・フェラーリ	16
8	ウィリアムズ・コスワース	11
9	トロ・ロッソ・コスワース	1
10	ミッドランド F1 トヨタ	0
11	スーパーアグリ・ホンダ	0

2002～2009年
コンストラクターズポイント

●2002年

順位	チーム	ポイント
1	フェラーリ	221
2	ウィリアムズBMW	92
3	マクラーレン・メルセデス	65
4	ルノー	23
5	ザウバー・ペトロナス	11
6	ジョーダン・ホンダ	9
7	ジャガー・コスワース	8
8	BARホンダ	7
9	ミナルディ・アジアテック	2
10	**トヨタ**	**2**
11	アロウズ・コスワース	2

●2003年

順位	チーム	ポイント
1	フェラーリ	158
2	ウィリアムズBMW	144
3	マクラーレン・メルセデス	142
4	ルノー	88
5	BARホンダ	26
6	ザウバー・ペトロナス	19
7	ジャガー・コスワース	18
8	**トヨタ**	**16**
9	ジョーダン・フォード	13
10	ミナルディ・コスワース	0

● 2009年

順位	チーム	ポイント
1	ブロウン・メルセデス	172
2	レッドブル・ルノー	153.5
3	マクラーレン・メルセデス	71
4	フェラーリ	70
5	**トヨタ**	**59.5**
6	BMW ザウバー	36
7	ウィリアムズ・トヨタ	34.5
8	ルノー	26
9	フォースインディア・メルセデス	13
10	トロ・ロッソ・フェラーリ	8

● 2007年

順位	チーム	ポイント
1	フェラーリ	204
2	BMW	101
3	ルノー	51
4	ウィリアムズ・トヨタ	33
5	レッドブル・ルノー	24
6	**トヨタ**	**13**
7	トロ・ロッソ・フェラーリ	8
8	ホンダ	6
9	スーパーアグリ・ホンダ	4
10	スパイカー・フェラーリ	1
・	マクラーレン・メルセデス	0

※注　マクラーレンはフェラーリに対するスパイ事件に関与し、競技規約に違反したとして2007年のコンストラクターズ・ポイント剥奪。

● 2008年

順位	チーム	ポイント
1	フェラーリ	172
2	マクラーレン・メルセデス	151
3	BMW ザウバー	135
4	ルノー	80
5	**トヨタ**	**56**
6	トロ・ロッソ・フェラーリ	39
7	レッドブル・ルノー	29
8	ウィリアムズ・トヨタ	26
9	ホンダ	14
10	フォースインディア・フェラーリ	0
11	スーパーアグリ・ホンダ	0

※注　スーパーアグリは第4戦まで参戦し、撤退。

参考文献

『Ｆ１　トヨタの挑戦』（赤井邦彦著　文藝春秋　２００３年）

『ホンダｖｓトヨターライバルの真相』別冊宝島 F1 perfect book（宝島社　２００５年）

『F1der』（イデア編　三栄書房）

『グランプリトクシュウ』（ソニー・マガジンズ）

『Ｆ１速報』（イデア編　三栄書房）

時事通信

f1.panasonic.com

尾張　正博（おわり まさひろ）

1964年、仙台市生まれ。武蔵大学卒業後、88年にベースボール・マガジン社に入社。5年間、テニスマガジン編集部に在籍し、オーストラリアン・オープン、U.S.オープンを取材。93年にフリーランスとしてF1の取材を開始。98年から2001年まで、F1速報誌の「GPX」誌の編集長を務めた後、02年から再びフリーランスとしてF1グランプリを全戦カバー。世界で戦う日本人をテーマに、これまで150戦以上のレースを取材している。

トヨタＦ１《えふわん》　最後《さいご》の一年《いちねん》

2010年4月20日　初版発行

著　者　尾張正博《おわりまさひろ》
発行者　黒須雪子
発行所　株式会社 二玄社
東京都千代田区神田神保町 2-2　〒101-8419
営業部　東京都文京区本駒込 6-2-1　〒113-0021
Tel.03-5395-0511
印刷所　モリモト印刷株式会社
製本所　株式会社積信堂
ISBN978-4-544-40045-8